AF460415

Marseille 8 Mars 1910

marqué

99P

Hôtel des Ventes

9, rue Châteauredon

MARSEILLE

MARS 1910

Collection TH. Brouillon

Commissaire-Priseur : Mᵉ GARCIN

Experts : MM. Ch. DALBON et F. DOMENC

EXPOSITIONS

Particulière : Le Dimanche 6 Mars.
Publique ... : Le Lundi 7 Mars.

Le matin de 9 heures à midi, le soir de 2 heures à 6 heures, et le matin des jours de vente.

ORDRE DES VACATIONS

Mardi	**8**	**Mars**	du N° 1 au N° 133.
Mercredi	**9**	**»**	du N° 134 au N° 265.
Jeudi	**10**	**»**	du N° 266 au N° 401.
Vendredi	**11**	**»**	du N° 402 au N° 572.
Samedi	**12**	**»**	du N° 573 au N° 724.

CATALOGUE

DES

MINIATURES

Tableaux, Pastels, Gouaches, Aquarelles
Dessins, Meubles, Faïences, Porcelaines, Bronzes
Objets Antiques

Objets de l'Extrême-Orient

Ivoires, Bronzes, Porcelaines, Cloisonnés
Jades, Laques, Bois sculptés
Peintures et Dessins

Formant la collection de M. le Docteur Th. BROUILLON

Dont la vente après décès aura lieu à Marseille
Hôtel des Commissaires-Priseurs, le Mardi 8 Mars 1910
et jours suivants à 3 heures

COMMISSAIRE-PRISEUR : **Me GARCIN**

EXPERTS

Pour les Tableaux et Objets d'Art	Pour les Miniatures et Dessins
M. Ch. DALBON	**M. F. DOMENC**
EXPERT PRÈS LES TRIBUNAUX	LIBRAIRIE DES AMATEURS
44, Rue Sainte	*22, Rue Paradis*

CONDITIONS DE LA VENTE

Elle sera faite expressément au comptant.

Les acquéreurs paieront six pour cent en sus du prix d'adjudication.

Les indications portées au présent catalogue ne sont données qu'à titre de renseignements.

L'exposition mettant le public à même de se rendre compte de l'état et de la nature des objets, il ne sera admis aucune réclamation une fois l'adjudication prononcée.

L'ordre du Catalogue sera suivi.

Les experts se réservent la faculté de rassembler ou de diviser les lots. Ils rempliront les commissions que les personnes ne pouvant assister à la vente voudront bien leur confier.

NOTA. — Un catalogue spécial a été dressé par M. F. Domenc pour les livres formant la bibliothèque de feu M. le Docteur Brouillon ; la vente en sera effectuée immédiatement après celle-ci.

Des manuscrits, parmi lesquels se trouvent *des livres d'heure du XVe siècle*, avec enluminures, exposés en même temps que les objets de la collection ne seront vendus qu'avec cette bibliothèque.

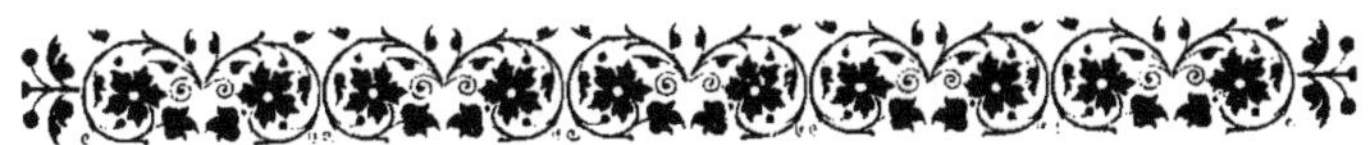

NOMENCLATURE

TABLEAUX ANCIENS ET MODERNES

ADVINENT

1 — *Portrait d'homme.*

Signé et daté : *Advinent 1809.*
Toile ovale. Haut., 60 cent.; larg., 49 cent.

BALLY

2 — *Portrait de femme.*

Signé et daté : *Bally, élève de David, 1804.*
Toile. Haut., 64 cent.; larg., 53 cent.

L. BEROUD

3 — *Indolence.*

Signé : *L. Béroud.*
Toile. Haut., 53 cent.; larg. 44 cent.

W. BIDDLECOMBE

4 — *Etude de cheval blanc.*

Panneau. Haut., 22 cent.; larg., 21 cent.

5 — *Etude de coq.*

Panneau. Haut., 24 cent.; larg., 14 cent.

ECOLE ANGLAISE

6 — *Portrait de jeune dame.*

En buste, de trois quarts, à demi décolletée, fond de paysage. Très joli portrait, vers 1840.

Toile. Haut., 40 cent.; larg., 32 cent.

ECOLE ESPAGNOLE

7 — *Portrait de jeune femme.*

En pied, vêtue d'une robe rouge à plis ; elle prend de la main gauche des fleurs que l'Amour lui tend ; de la main droite elle tient un cœur fleuri. (XVIIe siècle).

Cuivre. Haut., 30 cent.; larg., 21 cent.

8 — *Le marchand d'écrevisses.*

Vu à mi-corps, ayant devant lui un baquet de bois rempli d'écrevisses, le marchand, un adolescent aux cheveux ébouriffés, et dont le visage fait une violente grimace, élève sa main droite qui vient d'être pincée par un de ses crustacés. *Ce tableau a figuré à l'Exposition rétrospective de 1861, à Marseille.*

Toile marouflée sur bois. Haut., 97 cent.; larg., 75 cent.

9 — *Moine en prière.*

Toile. Haut., 41 cent.; larg., 40 cent.

ECOLE FLAMANDE

10 — *Paysage chimérique.*

Une ondine sort de l'eau sous l'invocation d'un jeune seigneur. *Cadre bois sculpté.*

Panneau. Haut., 30 cent.; larg., 45 cent.

11 — *La Fuite en Egypte.*

220 Devant l'âne, portant la Vierge et l'Enfant, conduit par saint Joseph, trois anges, jouant d'instruments de musique, marchent allègrement ; des chérubins jettant des fleurs, les précèdent. *Cadre ancien.*

Panneau. Haut., 20 cent.; larg., 28 cent.

12 — *Le Christ au roseau.*

Toile. Haut. 49 cent.; larg., 34 cent.

13 — *Joyeuse compagnie.*

Des courtisanes et des gentilshommes sont à table, sur une terrasse. Paysage dans le fond.

Cuivre. Haut., 31 cent., larg., 26 cent.

ECOLE FRANÇAISE

Les deux peintures qui suivent ont figuré à l'Exposition des primitifs français, à Paris, en 1904, sous les numéros 62 et 63 du catalogue, auquel nous empruntons leur description, et qui les attribue à l'école du Centre de la France, vers 1480. Elles sont exécutées sur panneau par un procédé mixte de couleurs en détrempe à l'œuf et de couleurs à l'huile.

14 — *Piétà.*

La Vierge, vêtue d'un manteau noir qui lui voile la tête et portant une guimpe blanche, tient le corps de son fils sur ses genoux. En arrière, un paysage que bornent les montagnes. Les physionomies rappellent certaines figures du rétable de Loches et permettent de rapprocher ce tableau et le suivant des œuvres tourangelles. N° *62 du catalogue des Primitifs.*

Panneau. Haut., 40 cent.; larg., 23 cent.

15 — *La Flagellation.*

Le Christ, attaché à une colonne de porphyre, est battu du fouet d'un bourreau dont l'habit est relevé. Le travail de ce panneau rappelle les œuvres de certains artistes tourangeaux et notamment du peintre du rétable de Loches. N° *63 du catalogue des Primitifs.*

Panneau. Haut., 40 cent.; larg., 23 cent.

16 — *Portrait d'homme âgé.*

Ecole du XVIe siècle. *Cadre ébène à filets.*

Panneau octogone. Haut., 21 cent.; larg., 16 cent.

17 — *Portrait de dame âgée.*

Vêtue de noir et portant l'ordre du Saint-Esprit, XVIIe siècle.

Plaque argent. Haut., 19 cent.; larg., 14 cent.

18 — *Portrait du comte d'Harcourt.*

Panneau. Haut., 26 cent.; larg., 19 cent.

19 — *Portrait de gentilhomme.*

Posé de trois quarts, habit vert, ganse et manteau rouges ; époque Louis XIV. *Cadre bois sculpté.*

Toile ovale. Haut., 17 cent.; larg., 14 cent.

20 — *Portrait d'homme.*

Epoque Louis XIV.

Toile ovale. Haut., 18 cent.; larg., 15 cent.

21 — *Portrait de jeune femme.*

Epoque Louis XV.

Toile ovale. Haut., 19 cent.; larg., 15 cent.

22 — *Portrait de jeune femme.*

En buste, avec des fleurs dans les cheveux, corsage blanc et tablier rose à raies blanches. Très jolie peinture de la fin du XVIIIe siècle.

Toile ovale. Haut., 32 cent.; larg., 25 cent.

23 — *Portrait d'un général.*

Epoque Empire.

Toile ovale. Haut., 58 cent.; larg., 45 cent.

24 — *Portrait de dame.*

C'est celui de Jeanne Milès, cantatrice. XIXe siècle.

Toile. Haut., 25 cent.; larg., 20 cent.

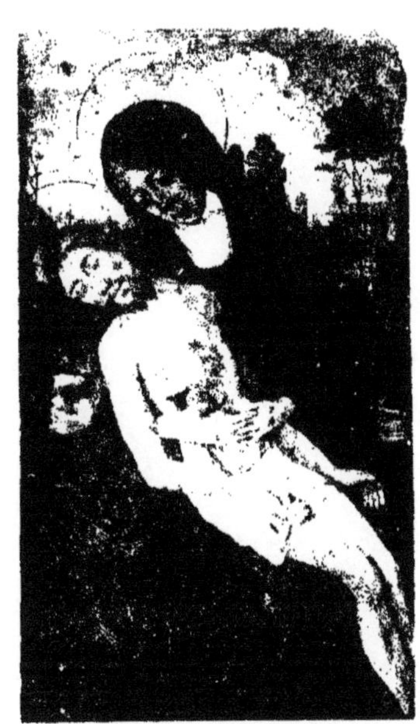

14

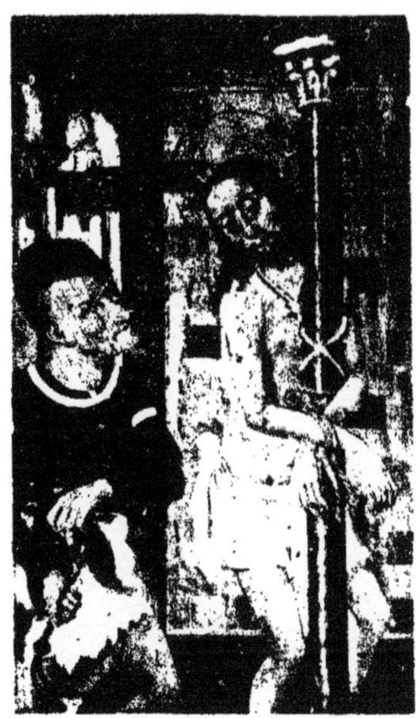

15

3400 bis 2

[illegible]

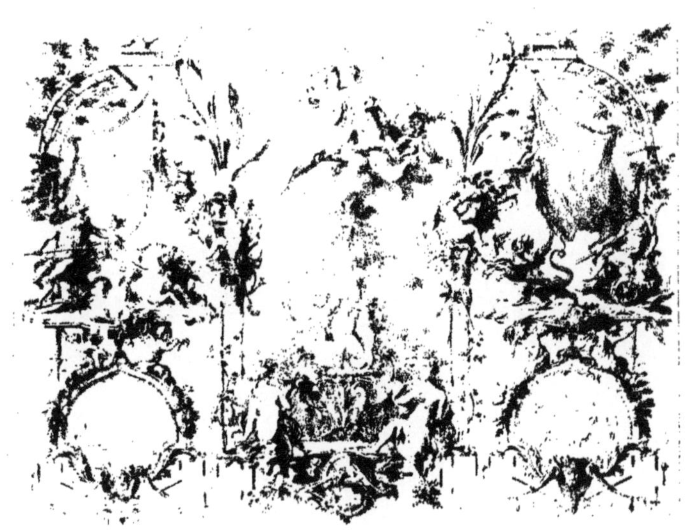

399

2.500

ECOLE ITALIENNE

25 — *La Vierge, sainte Catherine et saint Jean.*

Au milieu, la Vierge allaitant l'Enfant Divin, est assise. A droite, sainte Catherine, un genoux à terre, et à gauche, saint Jean à genoux. XVIe siècle.

Toile. Haut., 64 cent.; larg., 1 m. 01.

26 — *Portrait de femme.*

Ecole du XVIe siècle.

Cuivre. Haut., 25 cent.; larg., 20 cent.

27 — *Portrait de jeune femme.*

Vue à mi-corps, de sa main gauche elle soulève un masque dont elle cache la moitié de son visage ; elle a une pomme dans la main droite.

Toile. Haut., 74 cent.; larg., 55 cent.

28 — *Agar et Ismaël dans le désert.*

Toile. Haut., 52 cent.; larg., 80 cent.

29 — *Saint Michel terrassant le Dragon.*

Cuivre. Haut., 28 cent.; larg., 22 cent.

DANDRÉ BARDON

30 — *Tulie faisant passer son char sur le corps de son père.*

Esquisse du tableau de réception de l'auteur à l'Académie de peinture, en 1735.

Toile. Haut., 90 cent., larg., 71 cent.

A. FOA

31 — *La Poissonnière.*

Panneau. Haut., 53 cent.; larg., 18 cent.

TH. FRERE

32 — *Marché en Egypte.*

Charmante étude de soleil couchant, traitée avec délicatesse par le peintre de l'impératrice Eugénie, lors de sa croisière sur le Nil.

Signé et dédicacé au revers.

Panneau. Haut., 16 cent.; larg., 28 cent.

M. GUINDON

33 — *Portrait de Loubon.*

Panneau. Haut., 19 cent.; larg., 11 cent.

34 — *Etude sur le quai.*

Panneau. Haut., 18 cent.; larg., 37 cent.

HEIDBRINCK

35 — *Etude de femme couchée.*

Signé : Heidbrinck.

G. KNELLER

36 — *Portrait de gentilhomme.*

Messire Samuel-Philémon de Marconnay, lieutenant d'un régiment de Guillaume III, roi d'Angleterre. En buste, de trois quarts et cuirassé.

Toile ovale. Haut., 71 cent.; larg., 59 cent.

37 — *Portrait de dame.*

Anne Le Cerf, épouse de Samuel de Marconnay. En buste de trois quarts, décolletée ; linge plissé et corsage de satin jaune à revers rouges.

Toile ovale. Haut., 71 cent.; larg., 59 cent.

Très bonnes œuvres de cet artiste fort apprécié en Angleterre, où il peignit de nombreux portraits.

LÉPICIE (attribué)

38 — *Contemplation.*

Panneau. Haut., 32 cent.; larg., 24 cent.

Mlle MAYER (attribué à)

38 BIS. — *Portrait de jeune fille.*

Vue de trois quarts, à mi-corps, les bras et la poitrine nus et vêtue d'une robe blanche. *Très jolie peinture.*

Toile. Haut., 39 cent.; larg., 31 cent.

E. MICHEL

39 — *Sainte Magdeleine.*

Toile. Haut., 28 cent.; larg., 20 cent.

MIERIS

40 — *Nature morte.*

Sur un socle de marbre, dont le devant est orné d'un bas-relief représentant des amours bachiques, se trouvent des raisins, un perdreau, une coupe et son couvercle enrichis de pierreries, une buire, un tapis et des fleurs diverses, etc. A terre, des fleurs et des ramiers. *Peinture ayant le fini d'une miniature.*

Panneau. Haut., 22 cent.; larg., 19 cent.

D. PAPETY

41 — *Tête de Napolitaine.*

Signé : *Dom. Papety Roma.*

Toile. Haut., 44 cent.; larg., 36 cent.

J.-B. PIERRE

42 — *Sujet antique.*

Très jolie esquisse, *cadre bois sculpté.*

Toile. Haut., 40 cent.; larg., 31 cent.

PILLEMENT

43 — *Le pont rustique.*

Toile. Haut., 11 cent.; larg., 15 cent.

G. RICARD

44 — *Portrait d'un jeune homme.*

Œuvre de jeunesse du maître.

Toile ovale. Haut., 44 cent.; larg., 35 cent.

R. SEYSSAUD

45 — *Etude de paysage maritime.*

Panneau. Haut., 20 cent.; larg., 32 cent.

G. SCHALKEN

46 — *Le Fumeur.*

Toile. Haut., 35 cent.; larg., 29 cent.

VILLEVIEILLE

47 — *Paysage.*

Signé : *L. Villevieille.*

MINIATURES

48 — *Portrait de femme*, robe noire, décolletée, manches bouffantes, collier de perles, rubans rouges. (Epoque Louis XIII.)

Peinture sur cuivre, cadre bois noir et doré.
Haut., 143 ; larg., 110.

49 — *La Vierge en pied*, les mains jointes ; dans le fond, une cathédrale (XVIe siècle, flamand.)

Peinture sur cuivre, rectangulaire, cadre bois doré.
Haut., 0.101 ; larg., 0.063.

50 — *Portrait d'homme*, habit noir, col blanc ouvert. Ecole flamande (fin du XVIe siècle).

Peinture ovale sur cuivre, dans un écrin.
Haut., 0.087 ; larg., 0.057.

51 — *Monstre marin*, une femme en croupe, venant chercher son tribut. Satyre visé par l'Amour poursuivant deux femmes ; dans le fond, quatre baigneuses. (Ecole flamande, XVIIe siècle.)

Deux peintures sur cuivre encadrées.
Haut., 0.057. ; larg. 0.092.

52 — *Portrait de jeune femme*, poitrine découverte, collier de perles. (Première moité du XVIe siècle.)

Peinture sur cuivre, cercle cuivre.
Haut., 0.082 ; larg., 0.068.

53 — *Deux portraits de jeune fille*, poitrine découverte, collier de perles, boucles de cheveux tombant sur les épaules, deux petits pompons bleus à la hauteur des oreilles. (Première moitié du XVIIe siècle.)

Peintures ovales sur cuivre, cadres bois doré, anc.

54 — *Portrait d'homme jeune*, perruque blonde, habit bleu, cravate blanche, gilet rouge, parements brodés d'or. Sous le bras, un tricorne noir. (XVIIe siècle.)

Peinture sur cuivre, cadre bois, rect.
Haut., 0.102 ; larg., 0.076.

55 — *Portrait de femme*, collier de perles, cheveux retombant, poitrine découverte, rose entre les deux seins. (XVIIe siècle.)

Peinture sur cuivre, ovale.
Haut., 0.030 ; larg., 0.026.

56 — *Portrait d'une infante espagnole*, poitrine découverte, collier, rubans dans les cheveux. (XVIIe siècle.)

Peinture sur cuivre, cadre bois noir guilloché.

57 — *Portrait d'homme*, grande perruque, manteau rouge. (XVIIe siècle.)

Peinture sur cuivre, ovale, cercle cuivre.
Haut., 0.071 ; larg., 0.057.

58 — *Portrait d'homme*, perruque blonde, habit brodé, cravate rouge. (XVIIe siècle.)

Fine peinture sur cuivre, ovale.
Haut., 0.076 ; larg., 0.059.

59 — *Portrait d'un jeune prince*, buste et bras cuirassés, grand cordon vert, perruque. (Fin XVIIe siècle.)

Belle peinture sur cuivre, octog., cadre en fer, ciselé.
Haut., 0.088 ; larg., 0.067.

60 — *Portrait de femme*, corsage rouge décolleté, chapeau à plumes bleues et blanches. (Epoque Louis XVI.)

Peinture sur cuivre, ovale, encadr.
Haut., 0.146 ; larg., 0.112.

61 — *Portrait de jeune fille marseillaise*, bonnet blanc, fichu blanc, robe bleue, un médaillon autour du cou. Elle met une fleur à son corsage. (XVIIIe siècle.)

Peinture sur cuivre, ovale, cadre Louis XVI, bois doré.
Haut., 0.150 ; larg., 0.120.

62 — *Buste d'un saint*, sur fond or, tête nimbée, avec capuce.

Peinture sur cuivre, cadre bois noir.
Haut., 0.064 ; larg., 0.050.

63 — *Tête de Vierge auréolée*, manteau bleu.

Peinture sur cuivre, rectang.
Haut., 0.048 ; larg., 0.059.

64 — *Portrait d'une sainte* (travail byzantin).

Peinture sur cuivre, ovale, dans un reliquaire acier.
Haut., 0.053 ; larg., 0.040.

65 — *Portrait d'un abbé.*

Peinture sur toile, ovale, cadre rect., bois noir et doré.
Haut., 0.077 ; larg., 0.056.

66 — *Portrait d'Homme*, en redingote noire.

Peinture ovale sur papier, cadre cuivre doré.
Haut., 0.059 ; larg., 0.047.

67 — *Saint-Pierre.*

Email ovale, sur cuivre, cercle or.
Haut., 0.044 ; larg., 0.035.

68 — *Saint monté sur un bœuf.*

Email ovale sur cuivre.
Haut., 0.031 ; larg., 0. 023.

69 — *Sainte Marthe et la Tarasque.*

Email ovale sur cuivre, monté en breloque.
Haut., 0.026 ; larg., 0.033.

70 — *Lutte de l'Ange et de Jacob.*

Email sur cuivre, monté en broche.
Haut., 0.020 ; larg., 0.023.

71 — *Saint Roch.*

Email sur cuivre.
Haut., 0.029 ; larg., 0.053.

72 — *Sainte Thérèse.*

Email sur cuivre, dans un cadre or.
Haut., 0.030 ; larg., 0.028.

73 — *Baigneuses*, dans une torsade de fleurs jaunes (XVIe siècle.)

Email rect., sur cuivre, cadr.

74 — *Diane et Actéon* (XVIe siècle.)

Email avec rehauts d'or, sur cuivre, dans un cercle argent.
Haut., 0.043 ; larg., 0.033.

75 — *Scène de Tragédie à quatre personnages.*

Email sur cuivre, ovale, monté en broche avec rubis, saphirs, roses et émeraudes.
Haut., 0.035 ; larg., 0.030.

76 — *Bacchus*, pampres à la main, à côté d'une bacchante nue, prend des raisins que présente un enfant.

Email sur cuivre, ovale, monté en broche, avec rubis, saphirs, roses et émeraudes.
Haut., 0.033 ; larg., 0.028.

77 — *Homme à cheval*, veste et selle rouges. (Epoque Louis XV.)

Email sur cuivre, dans un cercle ovale en or.
Haut., 0.035 ; larg., 0.030.

602

57

1600 [illegible]

617

[illegible]

78 — THIRPON. — *Portrait de femme jeune*, fleurs dans les cheveux, poitrine nue, manteau bleu. Signé et daté 1758.

Email sur cuivre, ovale.
Haut., 0.069 ; larg., 0.049.

79 — *Portrait d'un vieillard*, barbe blanche, tunique verte. Attribué à Augustin.

Email sur cuivre, dans un cadre ovale doré et émail bleu.
Haut., 0.045 ; larg., 0.036.

80 — *Portrait de femme* (Empire).

Email rond, dans un cercle de cuivre.
Diam., 0.060.

81 — LAMUNIÈRE (G.). — *Fillette blonde*, rose dans les cheveux. Signé.

Email sur cuivre, ovale, dans un cadre bois, cercle cuivre doré.
Haut., 0.039 ; larg., 0.032.

82 — *Une Maman assise*, avec un panier de fruits, sa fillette lui en tend un.

Email rect., sur cuivre.

83 — *Jeune fille assise*, les deux mains réunies sur les genoux, petit bonnet, robe rose. (Vers 1835).

Email sur cuivre, ovale, monté en broche argent.
Haut., 0.050 ; larg., 0.040.

84 — *Portrait de Henri IV.*

Petit émail contenu dans une fleur de lys en or.
Haut., 0.015 ; larg., 0.012.

85 — *Sainte Catherine*, robe jaune, manteau rouge. — *La Vierge* sur son lit de mort ; autour apôtres ou saints.

Deux émaux sur cuivre. Icones russes, enchâssées dans un cadre rectang. cuivre.
Haut., 0.051 ; larg., 0.043.

86 — *La Visitation.* — La Vierge est visitée par Sainte Elisabeth ; dans un délicieux paysage français.

87 — *L'Annonciation.* — Dans une salle Renaissance avec piliers gothiques aux fenêtres, l'ange Gabriel est en face la Vierge.

Ces deux miniatures (école de Picardie, vers 1490), ont figuré, sous les numéros 116 et 117, à l'Exposition des primitifs français, au pavillon de Marsan, 1904.

Miniature sur vélin, rectang.
Haut., 0.110 ; larg., 0.075.

88 — *Vierge et Enfant Jésus* (fin XVIe siècle.)

Miniature sur parchemin, rectang.
Haut., 0.010 ; larg., 0.007.

89 — *Apothéose de Saint Casimir*, patron de la Pologne. Deux enfants soutiennent son buste, devant un baldaquin ; au-dessous gisent renversés les écussons de Lithuanie et de Pologne, et la couronne royale qu'il avait refusée.

Miniature sur vélin, fin XVIIe siècle, encadr.
Haut., 0.143 ; larg., 0.095.

90 — *Un Seigneur* séparé de sa belle par une étendue d'eau lui envoie ses hommages. En haut : « Amanti nihil difficile » ; en bas : quatre vers d'Horace.

91 — *Hercule et le sanglier d'Erymanthe*, amené vivant à Eurysthée.

Deux gouaches avec des rehauts d'or, XVIe siècle, cadres bois doré Louis XIII.

Haut., 0.188 ; larg., 0.160.
Haut., 0.115 ; larg., 0.160.

92 — *Une femme* tient le buste d'un pape, une femme, assise sur un globe, achève le portrait, deux anges volent, l'un portant la croix double et un chapeau de cardinal. (Fin du XVIIe siècle.)

Miniature sur vélin, cadre baguette dorée.
Haut., 0.228 ; larg., 0.168.

93 — *Portrait d'un homme avec cuirasse*, grande perruque (XVIIe siècle.)

Superbe miniature ovale, attribuée à PETITOT, dans un écrin en galuchat.

Haut., 0.031 ; larg., 0.025.

94 — SÉVIN. — ***Portrait en buste de Louis XIV*** (non terminé). **(Vers 1690.)**

Miniature sur parchemin, cadre bois doré rond.

Diam., 0.097.

95 — *Portrait d'un roi.* (Portrait présumé de Guillaume III, roi d'Angleterre).

Belle miniature ovale sur ivoire, cadre, octog. bois sculpté.

Haut., 0.100 ; larg., 0.077.

96 — *Portrait du Duc de Saint-Aignan*, précepteur du Dauphin. (XVIIe siècle.)

Miniature ronde sur ivoire, dans un cadre doré.

Diam., 0.062.

97 — *Portrait d'un prince*, à grande perruque blanche, habit bleu, manteau rouge. Derrière lui, un jeune nègre lui présente une miniature de femme, dans un écrin. (Fin XVIIe siècle.)

Jolie miniature ovale sur ivoire dans un cadre bois doré ancien.

Haut., 0.054 ; larg., 0.080

98 — *Mercure* assis, appuyé sur un ballot de marchandises, tenant de la main gauche le caducée et de la main droite une plume et le portrait, en médaillon, d'un jeune négociant ou armateur, vêtu de bleu. A terre, une boussole, des balles ; sur un tonneau, un ibis tenant un œuf. Au fond, un quai animé.

Belle et très intéressante miniature à l'huile sur parchemin.

Haut., 0.108 ; larg., 0.182.

99 — *Portrait d'un prélat de cour*, robe blanche, étole et rabat bleu, croix pastorale. (Vers 1750.)

Fine miniature ovale sur ivoire, montée en broche or.
Haut., 0.030 ; larg., 0.026.

100 — *Portrait d'homme*, en habit gris, brodé d'un galon jaune d'or, jabot blanc. (Vers 1760.)

Fine miniature ovale sur ivoire, montée en broche.
Haut., 0.0[illegible]3 ; larg., 0.032.

101 — *Portrait d'une femme assise*, cheveux poudrés avec un pompon de roses dans les cheveux, poitrine et seins nus, robe bleue. Un chien est assis sur ses genoux. Draperie rouge sur le fond. On lit derrière : Marquise de Damian en 1754.

Grande miniature sur parchemin, œuvre curieuse, cadre bois doré de l'époque.
Haut., 0.242 ; larg., 0.190.

102 — *Portrait d'homme*, habit lilas, jabot blanc, gilet à parements d'or. (Vers 1760.)

Jolie miniature ovale sur ivoire, dans un écrin en fer, glace au dos.
Haut., 0.058 ; larg., 0.046.

103 — *Portrait d'homme*, en habit vert, gilet blanc. (Vers 1760.)

Fine miniature ovale sur ivoire, cadre cuivre doré.
Haut., 0.048 ; larg., 0.038.

104 — DEWIME. — *Portrait d'un jeune homme*, en habit lilas. Signé et daté 1766.

Miniature ovale sur ivoire, dans un médaillon cerclé or.
Haut., 0.033 ;larg., 0.025.

105 — *Portrait d'une femme âgée*, bonnet blanc à ruban mauve, fichu blanc. Signé et daté 1767.

Miniature ovale sur ivoire, dans un étui en galuchat.
Haut., 0.041 ; larg. 0.034.

106 — *Portrait d'homme*, en habit marron, gilet bleu, jabot blanc, nœud noir à la queue des cheveux poudrés. (Epoque Louis XV.)

Très fine miniature ovale, dans un cadre doré mod.
Haut., 0.056 ; larg., 0.045.

107 — *Portrait de femme*, en corsage orange, manteau rouge, veste bleue. (Epoque Louis XV.)

Miniature ovale sur ivoire, cercle cuivre.

108 — *Portrait d'une jeune fille*, décolletée, corsage garni de rubans bleus, mantelet blanc. (Epoque Louis XV.)

Miniature ovale sur cuivre, dans un étui en galuchat clouté d'or.
Haut., 0.047 ; larg., 0.038.

109 — *Portrait d'une femme âgée*, manteau bleu avec garniture fourrure. (Epoque Louis XV.)

Belle miniature sur ivoire, cadre bois noir, cercle doré.
Haut., 0.035 ; larg., 0.027.

110 — *Portrait d'homme*, habit bleu à brandebourgs noirs. (Epoque Louis XV.)

Miniature ovale sur ivoire, dans un médaillon cercle d'or.
Haut., 0.035 ; larg., 0.025.

111 — *Portrait d'un homme*, en habit bleu gris. (Epoque Louis XV.)

Miniature ovale sur ivoire, dans un cercle or.
Haut., 0.042 ; larg., 0.035.

112 — *Portrait d'homme*, en habit lilas. (Epoque Louis XV.)

Miniature ovale sur ivoire, dans un médaillon cercle or.
Haut., 0.036 ; larg., 0.029.

113 — *Portrait d'homme*, en habit violet, jabot dentelle. (Epoque Louis XV.)

Miniature ovale sur un carnet ivoire, avec ornements argentés, crayon doré.
Haut., 0.043 ; larg., 0.0.5.

114 — *Portrait d'un homme jeune aux cheveux poudrés*, habit blanc avec parements bleus à brandebourgs dorés, épaulette. (Epoque Louis XV.)

Belle miniature ovale sur ivoire, dans un médaillon or. Au revers, cheveux en gerbe.

Haut., 0.033 ; larg., 0.027.

115 — *Portrait d'homme*, en habit lilas, nœud en dentelle. (Vers 1770.)

Fine miniature ovale sur ivoire, dans un cercle or.

Haut., 0.030 ; larg., 0.022.

116 — *Portrait d'un homme cuirassé*, grand cordon rouge en sautoir. Portrait présumé du duc de Nivernais.

Jolie miniature ovale sur ivoire, montée en broche or.

Haut., 0.033 ; larg., 0.027.

117 — *Portrait d'homme*, en habit rouge, épaulettes. (Vers 1770.)

Miniature ovale, dans une broche dorée.

Haut., 0.038 ; larg., 0.031.

118 — *Portrait d'homme jeune*, en habit gris perle avec broderie, cravate noire. (Fin Louis XV.)

Jolie miniature ovale sur parchemin, cercle doré.

Haut., 0.057 ; larg., 0.046.

119 — *Portrait d'homme*, en habit bleu, gilet jaune, perruque poudrée. (Epoque Louis XV.)

Belle miniature ovale, à l'huile (procédé éludorique), dans un joli cadre ovale or (XVIIIe siècle).

Haut.,0.032 ; larg., 0.027.

120 — *Portrait d'homme*, en habit noir bleuté, dentelle. (XVIIIe siècle.)

Belle miniature ovale, à l'huile (procédé éludorique), dans un cadre cuivre doré, Louis XVI.

Haut., 0.030 ; larg., 0.025.

121 — Bouton (G.-G.). — *Portrait d'homme*, en habit rouge foncé. (Vers 1775.) Signé.

Miniature ovale sur ivoire, cadre ovale cuivre.
Haut., 0.034 ; larg., 0.028.

122 — Tresca. — *Portrait d'homme aux cheveux poudrés*, habit bleu, jabot blanc. (Vers 1775.) Signé.

Très fine miniature ovale sur ivoire, cadre médaillon or.
Haut., 0.035 ; larg., 0.030.

123 — *Portrait de F.-J. Froment de Champlagarde*, bailli de Versailles, habit lilas. (Vers 1775.)

Fine miniature ovale sur ivoire, montée en broche.
Haut., 0.036 ; larg., 0.029.

124 — *Portrait d'homme*, en habit bleu foncé, nœud dentelles, cheveux poudrés. (Vers 1776.)

Miniature octog. sur ivoire, ancienne bague or, montée en broche.
Haut., 0.031 ; larg., 0.020.

125 — Boze. — *Portrait d'homme*, en habit bleu, gilet blanc à fleurs, cravate blanche. (Epoque Louis XVI.)

Très fine miniature ovale sur ivoire, d'une exécution charmante. Elle a figuré à l'Exposition rétrospective de Marseille en 1906. Cadre.
Haut., 0.085 ; larg., 0.067.

126 — *Tête d'homme de profil*, genre camée de Sauvage, blanc et bleu. (Epoque Louis XVI.)

Miniature octog. sur ivoire, montée en bague or.
Haut., 0.030 ; larg., 0.020.

127 — *Portrait d'homme*.

Miniature octog. sur ivoire, montée en bague.
Haut., 0.022 ; larg., 0.020.

128 — *Portrait d'une jeune femme*, en chapeau, poitrine découverte.

Miniature, montée en broche, entourée d'une garniture de cailloux du Rhin, cercle or.

Haut., 0.023 ; larg., 0.012.

129 — *Portrait d'homme*, en habit bleu, jabot de dentelle.

Miniature ovale sur ivoire, dans un médaillon, cerclé de cailloux du Rhin.

Haut., 0.035 ; larg., 0.026.

130 — *Portrait d'homme cuirassé*, veste chamois. (Epoque Louis XVI.)

Miniature ronde sur ivoire (fente légère), cadre doré moderne.

Diam., 0.025.

131 — *Portrait de femme assise*, corsage bleu, perles dans les cheveux, poitrine découverte, roses au corsage. (Epoque Louis XVI.)

Miniature ovale sur ivoire, cadre doré Louis XVI.

Haut., 0.038 ; larg., 0.030.

132 — *Portrait d'une jeune fille assise*, robe bleue. (Louis XVI.)

miniature ovale sur ivoire (moderne), cadre bois noir rectang. ovale cuivre.

133 — *Portrait de femme*, chapeau noir à plumes, robe bleue, poitrine découverte, cheveux poudrés. (Epoque Louis XVI.)

Fine miniature ronde sur ivoire, dans un cadre doré s'emboitant.

Diam. 0.039.

134 — *Portrait de Mme Hurtmann*, belle-mère du colonel Berthier, frère du général Berthier ; cheveux avec un ruban en couronne, tombant sur les épaules, décolletée, chemisette blanche. (Epoque Louis XVI.)

Très belle miniature ronde sur ivoire, dans un cercle doré s'emboitant. Signature ill.

Diam. 0.066.

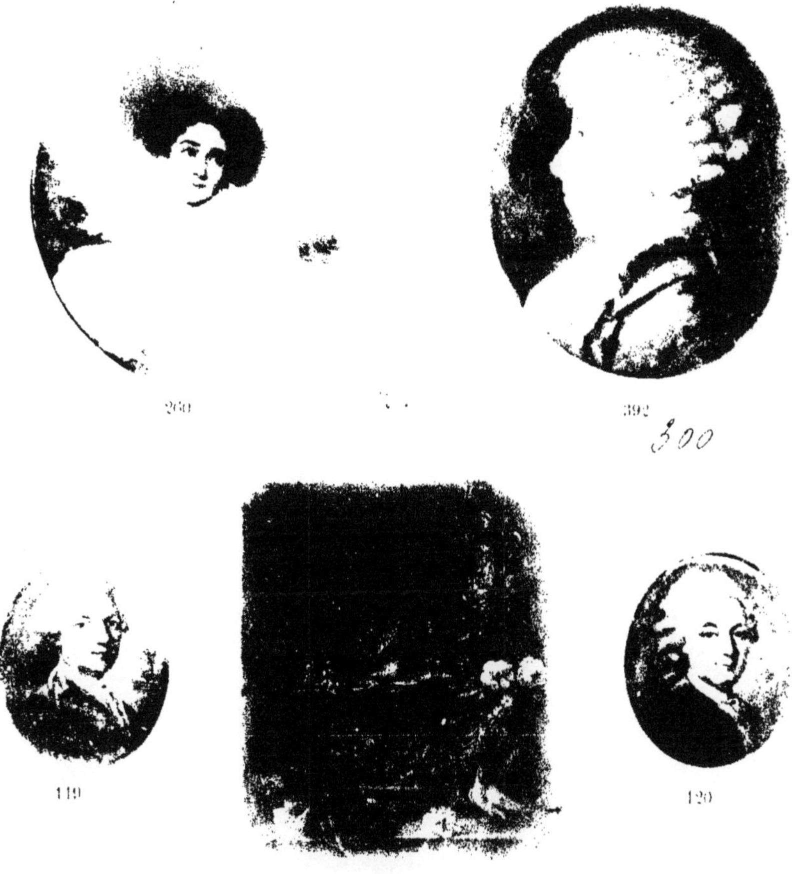

260 392

300

119 40 120

280

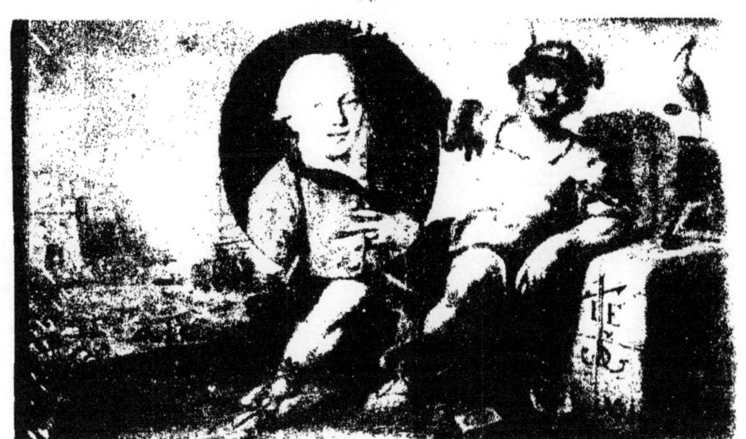

98

400

135 — *Quatre amours* faisant des bulles de savon, grisaille sur fond noir. (Epoque Louis XVI.)

Miniature ovale sur ivoire, dans un médaillon d'or Louis XVI.

Haut., 0.031 ; larg. 0.024.

136 — *Portrait d'homme*, en habit gris bleu. (Epoque Louis XVI.)

Miniature ovale sur ivoire, dans un écrin moderne.

Haut., 0.039 ; larg., 0.031.

137 — *Portrait d'un jeune homme*, en habit rouge brodé d'or. (Vers 1780.)

Miniature ovale sur ivoire.

Haut., 0.030 ; larg., 0.024.

138 — *Portrait d'homme*, en habit lilas, gilet jaune, jabot dentelle. (Epoque Louis XVI.)

Miniature ovale sur ivoire, cercle métal.

H., 0.050 ; larg., 0.040.

139 — *Portrait de femme*, en robe bleue, coiffée d'un grand bonnet, guimpe blanche. (Fin Louis XVI.)

Miniature ronde sur ivoire, dans un cercle cuivre doré s'emboîtant.

Diam. 0.052.

140 — *Portrait d'homme*. (Fin Louis XVI.)

Charmante esquisse sur ivoire, cadre ovale bois doré ancien.

Haut., 0.083 ; larg., 0.065.

141 — *Portrait de jeune femme*, décolletée, fichu blanc, corsage jaune, manteau bleu. Médaillon sur le corsage avec A. B. entrelacés. (Fin Louis XVI.)

Miniature ronde sur ivoire, cadre estampé, (légère fente).

Diam., 0.060.

142 — *Portrait d'enfant*, à mi-corps, cheveux longs, costume lilas, ceinture blanche, paysage dans le fond. (Epoque XVIIIe siècle.)

Au verso, on lit : « Louis XVII né à Versailles en 1785, le second fils de Louis XVI. » Très fine miniature ovale sur ivoire, cadre noyer, cercle cuivre doré.

Haut., 0.055 ; larg., 0.045.

143 — *Portrait d'homme*, en habit bleu, revers rouges. (XVIIIe siècle.) Signature ill.

Miniature ovale d'une exécution remarquable.

Haut., 0.053 ; larg., 0.043.

144 — *Portrait d'un jeune homme*, en habit bleu, à parements d'or et perruque poudrée. (XVIIIe siècle.)

Miniature ovale sur ivoire.

Haut., 0.033 ; larg., 0.027.

145 — *Portrait d'homme*, en habit mauve. *Portrait d'un jeune homme*, en habit bleu, gilet jaune. (XVIIIe siècle.) Signature illisible.

Deux miniatures ovales sur ivoire, dans un même écrin en galuchat avec glace.

Haut., 0.035 ; larg., 0.029.

146 — *Portrait d'un officier*, en tunique bleue, épaulette. (XVIIIe siècle.)

Miniature ovale sur ivoire, cadre cuivre.

Haut., 0.057 ; larg., 0.047.

147 — *Portrait d'un jeune homme*, manteau rouge, col vert. (XVIIIe siècle.)

Miniature gouachée sur vélin, cadre bois noir et or.

Haut., 0.110 ; lar., 0.090.

148 — *Portrait d'un jeune homme*, en habit bleu, gilet rouge, cravate blanche, cheveux poudrés. (XVIIIe siècle.) Au revers ; sur ivoire, un oiseau des îles, exécuté en plumes, perché sur un arbre.

Miniature ronde sur ivoire, dans un cercle cuivre s'emboîtant.

Diam., 0.055.

149 — *Portrait de jeune femme*, corsage blanc, nœud rouge. (Vers 1780.)

Miniature ovale, cadre moderne.
Haut., 0.039 ; larg., 0.031.

150 — *Vénus et l'Amour.*

Miniature ronde sur ivoire, cercle cuivre.
Diam., 0.068.

151 — *Portrait d'homme*, en habit rouge, jabot dentelle, tenant de la main droite de la musique. (XVIIIe siècle.)

Miniature ovale sur ivoire, cadre doré, dans un écrin portefeuille.
Haut., 0.068 ; larg., 0.036.

152 — *Portrait d'homme*, en habit bleu. (XVIIIe siècle.)

Miniature ovale sur ivoire, cadre argent moderne.
Haut., 0.031 ; larg., 0.025.

153 — *Portrait d'un homme*, habit violet, jabot dentelle. (XVIIIe siècle.)

Miniature ovale sur ivoire, dans un écrin noir.
Haut., 0.042 ; larg., 0.032.

154 — *Portrait d'un lieutenant du corps des suisses*, tunique rouge, épaulette.

Belle miniature ovale sur ivoire, cadre noir, cercle doré.
Haut., 0.038 ; larg., 0.031.

155 — *Portrait d'une jeune et jolie femme*, rubans bleus dans les cheveux et au cou. (Fin XVIIIe siècle.)

820

Miniature ronde sur ivoire, d'une très grande délicatesse, traitée en manière d'esquisse, cadre or.
Diam., 0.050.

156 — *Portrait de jeune femme*, coiffée d'un chapeau casque, brides rouges autour du cou. (Fin XVIIIe siècle.) Au revers : Un amour, en grisaille, tenant une palette à la main. Initiales M. M.

Miniature ovale sur ivoire, dans un cercle cuivre.
Haut., 0.022 ; larg., 0.017.

157 — *Portrait d'homme*, habit violet, cravate blanche.

Miniature ovale sur ivoire, cadre cuivre.
Haut., 0.050 ; larg., 0.040.

158 — *Portrait d'homme*, en habit vert.

Miniature ovale sur ivoire, cadre argent moderne.
Haut., 0.038 ; larg., 0.032.

159 — *Portrait d'homme*, habit bleu, gilet saumon, cravate blanche. (Fin XVIIIe siècle.)

Miniature ovale sur ivoire, cercle cuivre odré.
Haut., 0.056 ; larg., 0.045.

160 — *Portrait d'homme*, en habit bleu, gilet blanc, cravate noire. (Fin XVIIIe siècle.)

Miniature ovale sur ivoire, cercle doré.
Haut., 0.061 ; larg., 0.051.

161 — *Portrait de femme*, bonnet Charlotte Corday. (Fin du XVIIIe siècle.)

Miniature ovale sur ivoire, dans une broche dorée.
Haut., 0.045 ; larg., 0.025.

162 — Rouvier. — *Portrait d'une jeune et jolie femme*, perles dans les cheveux, poitrine découverte.

Belle et délicate miniature sur ivoire, cadre noir, cercle cuivre doré.
Diam., 0.053.

163 — *Portrait de femme*, bonnet blanc bleuté, robe noire, guimpe blanche. (Fin XVIIIe siècle.)

Miniature rectang. sur ivoire, dans un cadre filet d'or avec une petite chaine.
Haut., 0.051 ; larg., 0.041.

164 — Landragin F^me Duvieux. — *Portrait d'homme*, habit gris à raies, gilet rouge, cravate blanche. (Fin du XVIIIe siècle.) Signé.

Miniature ovale sur ivoire, cadre bois noir, cercle doré.
Diam., 0.059.

165 — *Portrait de jeune fille*, avec un petit bonnet à la Charlotte Corday, robe marron, collier dentelle, appuyée sur le haut d'un fauteuil. (Fin XVIIIe siècle.)

Miniature ovale sur ivoire, cercle cuivre doré.
Haut., 0.054 ; larg., 0.040.

166 — *Portrait d'un jeune homme*, en veste bleue, gilet rouge. (Fin XVIIIe siècle.)

Miniature ronde sur ivoire, cercle cuivre.
Diam., 0.050.

167 — *Portrait d'un jeune homme*, en habit gris. (Fin XVIIIe siècle.)

Miniature ovale sur ivoire, cadre cuivre doré.
Haut., 0.053 ; larg., 0.044.

168 — *Portrait d'un jeune homme*, cou découvert, veste rayée. (Fin XVIIIe siècle.)

Miniature ovale sur ivoire, cadre cuivre doré.
Haut., 0. 052 ; larg., 0.043.

169 — *Portrait d'un jeune homme*, veste lilas, gilet jaune. (Fin XVIIIe siècle.)

Miniature ronde sur ivoire, dans un cercle cuivre doré.
Diam., 0.047.

170 — *Portrait d'homme*, cheveux longs, habit blanc, col jaune, cravate noire. (Fin XVIIIe siècle.)

Miniature ovale sur ivoire, dans un cercle d'or s'ouvrant à charnières. (Signature ill.)
Haut., 0.053 ; larg., 0.045.

171 — *Portrait de femme.* (Fin XVIIIe siècle.)

Miniature ovale sur ivoire, dans un médaillon or. (Moderne)
Haut., 0.020 ; larg., 0.016.

172 — *Portrait d'une homme jeune*, habit gris, cravate blanche à raies bleues. (Fin XVIIIe siècle.)

Miniature ronde sur ivoire (école anglaise), cadre bois noir, cercle cuivre. (Signature ill.)

Diam., 0.050.

173 — *Portrait d'homme*, en habit chamois, gilet à raies bleues, jabot blanc, catogan avec ruban noir. (Fin XVIIIe siècle.)

Miniature ovale sur ivoire, par un artiste anglais, cadre bois noir, cercle cuivre.

Haut., 0.057 ; larg., 0.045.

174 — *Portrait d'un homme*, en habit bleu, gilet rouge. (Vers 1790.)

Miniature ronde sur ivoire, dans un joli cercle en or Louis XVI.

Diam., 0.046.

175 — *Portrait d'André Chénier*, tenant un papier à la main.

Miniature ovale sur ivoire.

Haut., 0.048 ; larg., 0.039.

176 — BAUZIL. — *Portrait d'homme*, en habit gris, gilet à fleurs. Signé et daté 1793.

Bonne miniature ronde sur ivoire, cadre rond doré.

Diam., 0.061.

177 — GAY. — *Portrait d'homme*, en redingote grise. Signé et daté 1793.

Miniature ronde sur ivoire, cadre rond en bois de buis.

Diam., 0.052.

178 — GODEBAUX. — *Portrait d'un officier supérieur, époque de la Convention*, chapeau avec plumet et cocarde tricolores, habit bleu, collet rouge. Signé.

Miniature ronde sur ivoire, dans un cercle cuivre doré s'emboîtant.

Diam., 0.052.

179 — *Portrait d'un jeune muscadin*, en habit jaune, col blanc. (Vers 1795.)

Miniature rectang. sur ivoire, cadre cuivre.
Haut., 0.041 ; larg., 0.034.

180 — *Portrait d'homme jeune*, en habit noir, cheveux longs. (Epoque Directoire.)

Miniature ronde sur ivoire, cadre bois, cercle doré.
Diam., 0.073.

181 — *Portrait d'un homme jeune*, cheveux roux, redingote marron, gilet rouge, cravate blanche. (Vers 1795.)

Miniature ovale sur ivoire, cadre cuivre doré.
Haut., 0.064 ; larg., 0.050.

182 — *Portrait d'homme*, habit bleu foncé, col, gilet et revers des manches rouges. En haut, le blason des Reynaud de Trets ; au revers, sujet fixé or, sur fond vert : L'amour sur son char. On lit intérieurement : Retrato del Coronel Dn Barthme Reynaud y de la Parra... de 1800. Signature illis.

Miniature ronde sur ivoire, dans un cadre à huit pans coupés à emboitement.
Diam., 0.067.

183 — Advinent. — *Portrait du prince de Conti*, en habit blanc, revers bleus. (Costume de garde française.) Signé.

Belle miniature ovale sur ivoire, dans un cadre doré.
Haut., 0.038 ; larg., 0.029.

184 — Advinent. — *Portrait d'homme* (Empire). Signé.

Minature ronde, cercle cuivre doré.
Diam., 0.070.

185 — *Portrait de la femme du général Bertrand*, bras et seins découverts, robe blanche.

Belle miniature ronde sur ivoire, dans un cadre cerclé d'or.
Diam., 0.060.

186 — *Vénus assise*, enlace l'amour. (Commencement du XIXe siècle.)

Miniature ovale sur ivoire, grisaille rehaussée de couleurs, cadre bois noir, cercle cuivre doré.
Haut., 0.063 ; larg., 0.052.

187 — *Portrait d'un adolescent*, tenant à la main une cage et donnant à manger à deux serins. (Vers 1810.)

Miniature ronde sur ivoire, cadre cuivre doré.
Diam., 0.030.

188 — ARLAUD (Louis). — *Portrait de jeune femme*, blonde, robe blanche, ceinture bleue, écharpe rouge. Signé. (Empire.)

Belle miniature ovale sur ivoire, cadre noir, cercle cuivre doré.
Haut., 0.088 ; larg., 0.075.

189 — *Portrait de femme*, bonnet blanc à mentonnières, robe blanche, écharpe bleue. (Vers 1805.)

Miniature ovale sur ivoire, cadre cuivre.
Haut., 0.059 ; larg., 0.048.

190 — BÉNARD. — *Portrait de jeune femme*, seins découverts, corsage blanc, capote de paille avec rubans. Signé et daté 1802. — *Portrait présumé de la duchesse de Chevreuse*.

Miniature ronde sur ivoire, boitier rond, cercle doré.
Diam., 0.051.

191 — *Portrait de jeune femme*, poitrine et bras nus, collier de perles, robe bleue, écharpe rouge. (Empire.)

Miniature ovale sur ivoire, dans un médaillon en or.
Haut., 0.045 ; larg., 0.037.

192 — BOQUET. — *Portrait d'homme*. Signé. (Commencement du XIXe siècle.) Au revers, on lit : *C'est le père de l'abbé Guien*.

Miniature ovale sur ivoire, cadre bois noir, filet doré.
Haut., 0.058 ; larg., 0.045.

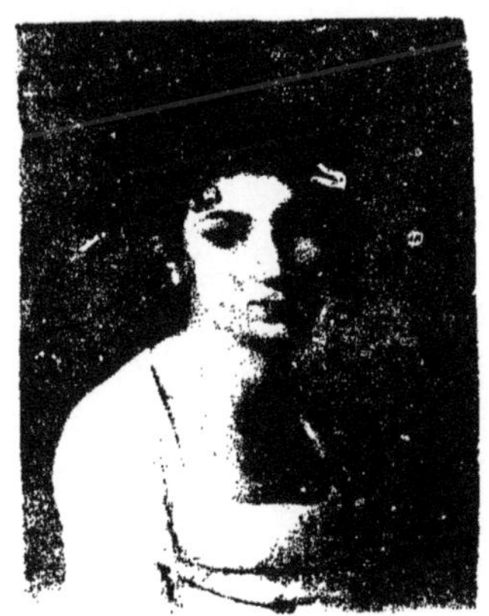

38 bis

380

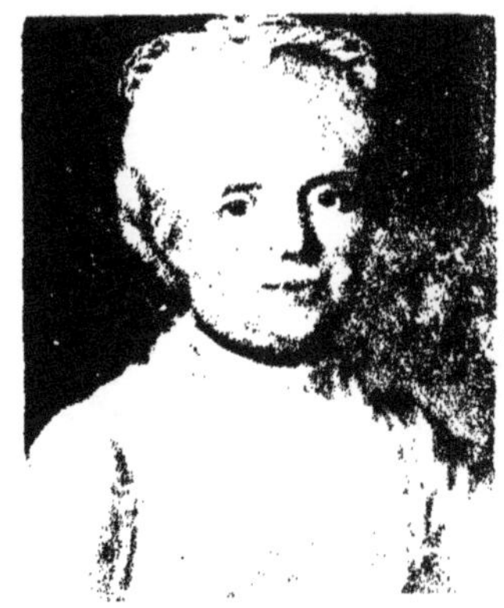

367

270

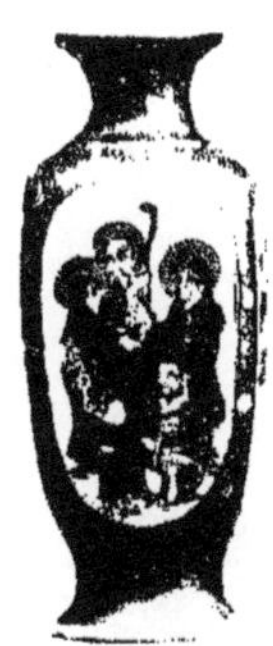

551

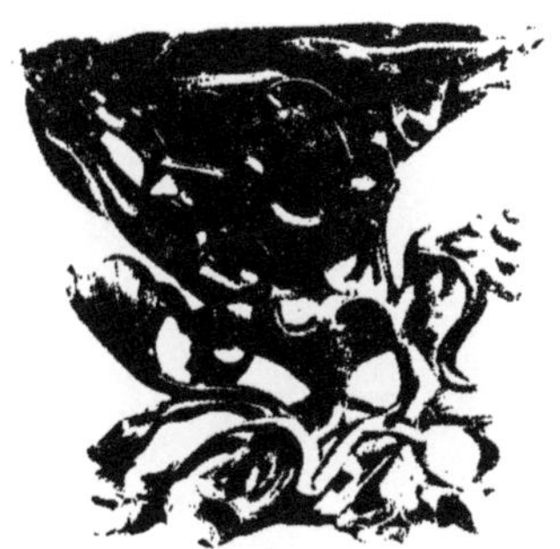

456

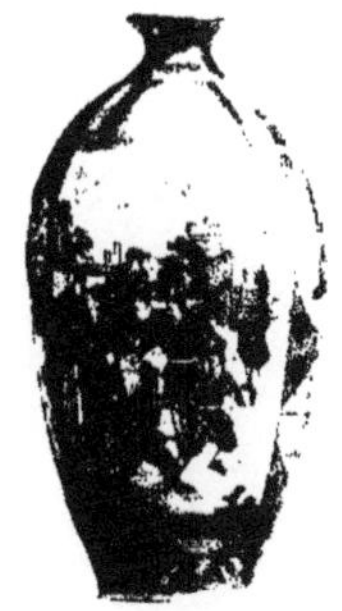

550

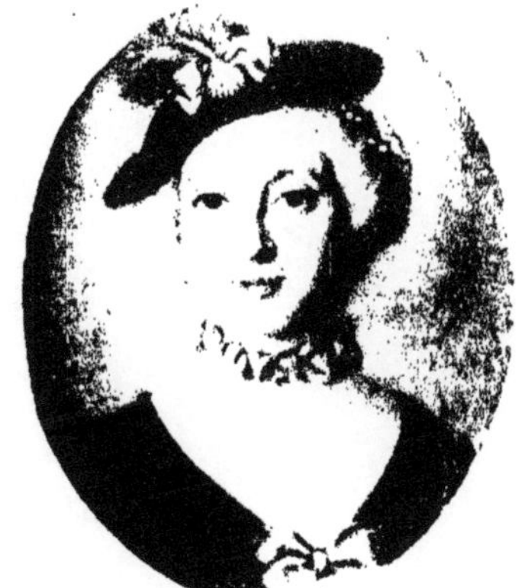

398

350

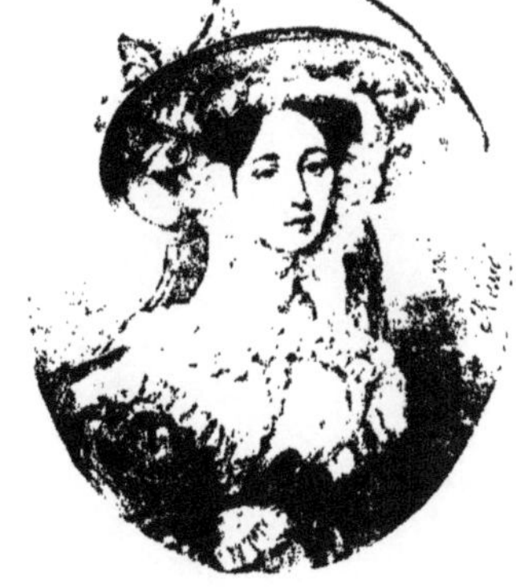

342

193 — *Portrait d'un lieutenant étranger*, habit bleu, passepoils et plastron rouges.

Miniature ovale sur ivoire, dans un médaillon cerclé or.
Haut., 0.040 ; larg., 0.030.

194 — *Portrait d'une jeune femme*, collerette et guimpe blanches, robe orange. (Empire.)

Miniature ovale sur ivoire, cadre estampé.
Haut., 0.053 ; larg., 0.042.

195 — BOUDET. — *Portrait de femme jeune*, poitrine découverte, robe bleue. Signé. (Fin Empire.)

Miniature ronde sur ivoire, dans un cercle d'or s'emboitant. A figuré à l'Exposition de Marseille 1906.
Diam., 0.062.

196 — BOUDET. — *Portrait d'un enfant*, ornant une corbeille de fruits et de fleurs. Signé.

Miniature ronde sur ivoire, cercle cuivre.
Diam., 0.070.

197 — *Portrait de femme*, voile sur la tête, poitrine découverte, collier de perles. (Vers 1810.)

Miniature rectang. sur ivoire, cadre bois doré, mod.
Haut., 0.056 ; larg., 0.045.

198 — CHOQUET. — *Portrait d'un jeune homme*, habit bleu, gilet rouge. Signé. (Fin Empire.)

Grande miniature ovale, dans un cadre bois noir, cercle cuivre doré.
Haut., 0.117 ; larg., 0.090.

199 — *Portrait d'une jeune femme*, ruban bleu dans les cheveux, robe blanche, dentelle au cou, manteau rouge. (Empire.)

Miniature ovale sur ivoire, cercle cuivre doré.
Haut., 0.036 ; larg., 0.030.

200 — *Portrait d'homme*, en redingote bleue, gilet blanc. (Fin Empire.)

Belle miniature ovale sur ivoire, dans un cadre-médaillon doré s'emboîtant.

Haut., 0.060 ; larg., 0.048.

201 — Cior. — *Portrait d'homme*, habit bleu, boucles d'oreille. Signé. (Empire.)

Miniature rectangulaire sur ivoire, cadre bois noir et cuivre doré.

Haut., 0.054 ; larg., 0.043.

202 — *Portrait d'une jeune femme*, poitrine découverte, collier et médaillon, guimpe blanche, écharpe rouge. (Empire.) *Portrait présumé de Mme Servières d'Aubigny.*

Miniature ovale sur ivoire.

Haut., 0.035 ; larg., 0.027.

203 — Constantin (François). — *Portrait de Mgr Guigou*, évêque d'Angoulême, sacré dans Saint-Sauveur, à Aix.

Miniature ronde sur ivoire, cercle cuivre doré. A figuré à l'Exposition de Marseille 1906.

Diam., 0.082.

204 — *Portrait d'homme* (M. Hippolyte d'Argence). (Epoque Empire.)

Miniature ronde sur ivoire (genre camée blanc sur fond noir), cadre cuivre estampé.

Diam., 0.054.

205 — *Portrait d'une jeune harpiste*. (Empire.)

Miniature ronde sur ivoire, cadre bois noir, cercle cuivre.

Diam., 0.058.

206 — David (L.). — *Portrait de femme*, poitrine découverte, le bras gauche appuyé, manteau violet. Signé David. (Epoque Empire.)

Miniature ronde sur ivoire, cadre bois, cercle cuivre doré.

Diam., 0.062.

207 — DELACOUR (E.). — *Portrait d'homme*, redingote marron, gilet jaune. Signé. (Empire.)

Grande miniature ovale sur ivoire, cadre bois, cercle cuivre doré.

208 — *Portrait de femme*, en robe blanche, décolletée. (Empire.)

Miniature ronde sur ivoire, dans un cadre doré s'emboitant.

Diam., 0.052.

209 — *Portrait de femme jeune*, poitrine découverte, robe blanche. (Empire.)

Miniature ronde sur ivoire, cercle cuivre doré.

Diam., 0.045.

210 — DUPONT. — *Portrait d'homme*, habit bleu, gilet jaune. Signé. (Empire.)

Miniature ovale sur ivoire, dans un médaillon or monté en broche.

Haut., 0.045 ; larg., 0.035.

211 — FLORENT. — *Portrait de jeune fille*, en robe noire. Signé et daté 1812.

Miniature ronde sur ivoire, boitier, avec cercle doré.

Diam., 0.046.

212 — *Portrait d'un officier allemand*, habit bleu, col blanc. (Empire.)

Miniature rect. sur ivoire, cadre bois noir, filet cuivre doré.

Haut., 0.051 ; larg., 0.045.

213 — *Portrait d'une jeune femme*, blonde, voile blanc retombant sur les épaules, robe blanche, poitrine découverte. (Empire.)

Belle miniature ovale sur ivoire, cadre cuivre doré.

Haut., 0.070 ; larg., 0.055.

214 — *Portrait de jeune fille, en cheveux*, poitrine découverte. (Empire.)

Miniature ovale sur ivoire, cadre noir, cercle cuivre.
Haut., 0.055 ; larg., 0.045.

215 — Goulu. — *Portrait d'un fonctionnaire*. Signé et daté 1811.

Belle miniature ovale sur ivoire, montée sur broche en or.
Haut., 0.040 ; larg., 0.030.

216 — *Portrait d'une jeune fille*, poitrine découverte. Signature ill. (Empire.)

Miniature anglaise de premier ordre sur ivoire, cadre cuivre doré.
Haut., 0.075 ; larg., 0.060.

217 — *Portrait d'une jeune femme*, dans un paysage : corsage blanc, écharpe bleue, ceinture violette. (Signature ill.) Au revers : *Tête d'Alexandre*, de profil, blanche sur fond noir. (Empire.)

Deux miniatures rondes sur ivoire, dans un cadre cuivre doré s'emboîtant.
Diam., 0. 060.

218 — *Portrait d'homme*, en habit bleu, grande cravate blanche. (Fin Empire.)

Miniature ronde sur ivoire, cadre bois, cercle cuivre doré.
Diam., 0.063.

219 — *Portrait de femme*, bonnet, mentonnières, robe et col blancs, ceinture bleue. (Empire.)

Miniature ovale sur ivoire, cadre moderne.
Haut., 0.063 ; larg., 0.050.

220 — Kiéfer. — *Portrait d'une jeune femme*, poitrine et bras nus, collier, robe blanche. (Signé et daté 1811.)

Miniature ronde sur ivoire, cadre cuivre doré Empire.
Diam., 0.060.

221 — *Portrait de jeune femme*, poitrine découverte, robe lilas, ceinture bleue, manteau rouge. (Empire.)

Miniature ovale sur ivoire, cercle cuivre doré.
Haut., 0.063 ; larg., 0.053.

222 — *Portrait d'un jeune fonctionnaire.* (Empire.)

Miniature rectang. sur ivoire, cadre cuivre.
Haut., 0.061 ; larg., 0.054.

223 — LABOREY (Félicité). — *Portrait de jeune femme*, seins et bras nus, collier de perles, robe de satin recouverte de tulle, écharpe rouge. Signé. (Empire.)

Belle miniature rectang. sur ivoire, cadre bois noir, cuivre doré.
Haut., 0.090 ; larg., 0.078.

224 — *Portrait de jeune femme espagnole*, corsage et guimpe blancs, veste chamois. (Empire.)

Miniature ovale sur ivoire, cadre bois, cercle cuivre.
Haut., 0.074 ; larg., 0.060.

225 — *Portrait d'homme jeune*, en habit bleu, gilet rouge, cravate blanche. (Fin Empire.)

Miniature ovale sur ivoire, cadre cuivre doré.
Haut., 0.047 ; larg., 0.037.

226 — *Portrait d'un officier supérieur d'infanterie de ligne*, tenue de campagne, croix de Commandeur. (Empire.)

Miniature ovale sur ivoire, cercle acier.
Haut., 0.059 ; larg., 0.048.

227 — *Portrait d'un officier de ligne* (1806), habit gris blanc, collet et passepoils aurore.

Miniature ovale sur ivoire, dans un médaillon d'or. (Initiales en cheveux G. L. au revers.)
Haut., 0.045 ; larg., 0.039.

228 — Leandri. — *Portrait d'un vieillard*, en redingote marron. Signé. (Commencement XIXe siècle.)

Miniature ovale sur ivoire, dans un cercle cuivre doré Louis XVI.

Diam., 0.058.

229 — *Portrait d'homme*, en redingote bleu foncé. (Fin Empire.)

Miniature ronde sur ivoire, cercle cuivre doré.

Diam., 0.054.

230 — *Portrait d'homme*, en habit vert. (Vers 1815.)

Miniature aquarelle ronde sur papier, cadre bois noir, cercle cuivre.

Diam., 0.066.

231 — *Portrait d'un homme jeune*, cheveux blonds, habit bleu, gilet et cravate blancs. (Fin Empire.)

Miniature ovale sur ivoire.

Haut., 0.039 ; larg., 0.030.

232 — *Portrait d'homme jeune*, habit bleu foncé. (Fin Empire.)

Jolie miniature ronde sur ivoire, cadre cuivre doré.

Diam., 0.038.

233 — Ressano. — *Portrait d'homme* tenant un livre à la main, habit bleu, gilet marron ouvert ainsi que la chemise. Signé et daté 1811.

Miniature rectangulaire sur ivoire, cadre bois, filet doré.

Haut., 0.054 ; larg., 0.047.

234 — *Portrait de Decrès*, ministre de la marine. (Daté de 1813.)

Silhouette noire sur un fond or, cadre estampé.

235 — Teissier. — *Portrait d'un homme*. Signé et daté. Au revers : initiales G. B. en cheveux.

Miniature rectang. sur ivoire, dans un cadre or avec chaîne.

Haut., 0.065 ; larg., 0.053.

236 — *Portrait d'homme*, en habit noir. (Vers 1815.)

Miniature ovale sur ivoire, montée en broche dorée.
Haut., 0.044 ; larg., 0.035.

237 — Berny. — *Portrait d'un lieutenant*, tunique noire, épaulette blanche. (XIXe siècle.)

Miniature ovale, cadre.
Haut., 0.093 ; larg., 0.080.

238 — *Portrait d'homme*, habit noir, cravate et gilet blancs, boucles d'oreille. (Vers 1820.)

Jolie miniature ronde sur ivoire, cadre bois doré.
Diam., 0.056.

239 — *Portrait de jeune femme*, le menton appuyé dans la main gauche, bonnet et robe blancs. (Vers 1820.)

Miniature rectang. sur ivoire, cadre boîtier cuivre doré.
Haut., 0.059 ; larg., 0.059.

240 — *Portrait d'un homme*, pelisse sur les épaules. (Vers 1820.)

Belle miniature ovale sur ivoire, cadre bois, cercle cuivre doré.
Haut., 0.117 ; larg., 0.095.

241 — *Portrait d'une jeune femme*, dans un paysage : poitrine découverte, robe marron. (Vers 1820.)

Miniature ronde sur ivoire, cadre mod.
Diam., 0.077.

242 — Chapon. — *Portrait de l'artiste* appuyé sur un pupitre de miniaturiste, tenant un crayon à la main. Signé et daté 1821.

Miniature ronde sur ivoire, cadre bois, cercle cuivre doré.
Diam., 0.067.

243 — Vernet. — *Portrait de jeune femme*. Signé. (Vers 1820.)

Miniature ronde sur ivoire.
Diam., 0.046.

244 — *Portrait d'un homme jeune*, drapé dans un manteau noir. (Vers 1825.)

Miniature ovale sur ivoire (école anglaise), cadre bois noir, cercle cuivre doré.

Haut., 0.037 ; larg., 0.045.

245 — *Portrait de jeune fille*, dans un paysage, en robe blanche, nœud et ceinture orange. (Vers 1825.)

Miniature ronde sur ivoire, cadre mod.

Diam., 0.077.

246 — *Portrait de jeune femme*, grands rubans jaunes dans les cheveux, poitrine découverte, robe verte. (Vers 1830.)

Miniature ovale sur ivoire, cadre bois noir, cercle cuivre.

Haut., 0.063 ; larg., 0.053.

247 — *Portrait de jeune femme*, bonnet blanc à rubans bleus flottants, fichu jaune, tablier violet. Vers 1830.)

Fine miniature ovale sur ivoire, cadre cuivre doré.

Haut., 0.073 ; larg., 0.059.

248 — *Portrait d'homme jeune*. (Vers 1830.)

Miniature ovale sur ivoire, cadre bois, cercle cuivre doré.

249 — *Portrait d'une jolie femme*, poitrine et seins découverts, robe noire, garniture de dentelles. (1830.)

Belle miniature ovale sur ivoire, cadre bois, cercle cuivre doré.

Haut., 0.070 ; larg., 0.055.

250 — LACOTTE. — *Portrait de femme*, bonnet, châle vert, mains croisées sur la poitrine. Signé. (Vers 1830.)

Miniature ronde sur ivoire (dessus de boîte).

Diam., 0.048.

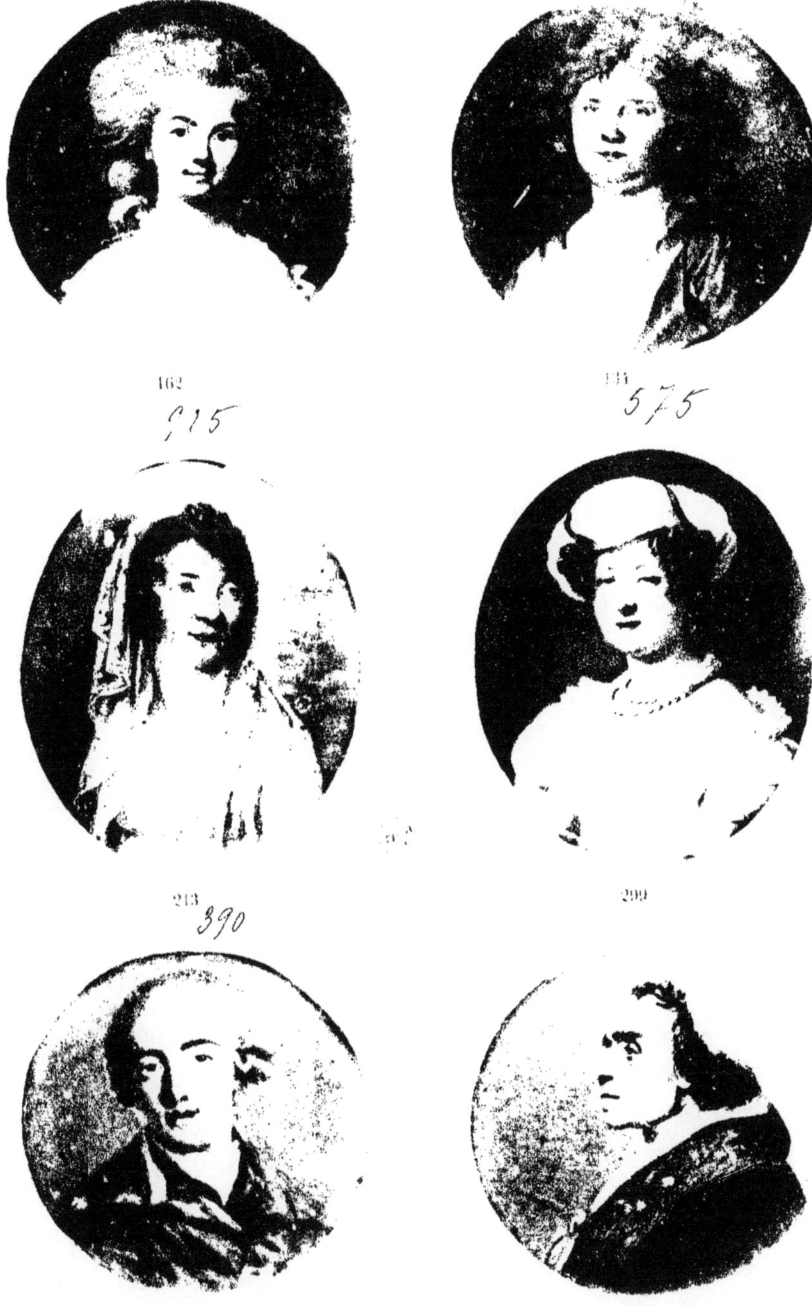

162 134

213 209

166 280

251 — MULNIER. — *Portrait d'une jeune femme*, bonnet blanc à rubans noirs, guimpe à ramages, corsage violet, ceinture bleue. Signé. (Epoque Restauration.)

Jolie miniature dans un écrin.
Haut., 0.086 ; larg., 0.070.

252 — *Portrait d'une jeune espagnole*, en pied, main appuyée sur la hanche. Signé. (1830.)

Miniature ovale sur ivoire, cadre cuivre doré.
Haut., 0.051 ; larg., 0.042.

253 — *Portrait d'un jeune fonctionnaire*.

Miniature rectang. dans un étui.

254 — CORNEHAUD (Mlle). — *Portrait d'un homme décoré*, redingote verte à col de velours. Signé. (Restauration.)

Miniature ovale sur ivoire, cadre bois, cercle cuivre doré.
Haut., 0.063 ; larg., 0.053.

255 — *Portrait d'un officier supérieur*, décoré de la Toison d'or, grand cordon bleu. (Restauration.)

Petite miniature sur ivoire, dans un médaillon cerclé or.
Diam., 0.018.

256 — *Portrait d'un général*, grand cordon de la Légion d'honneur. (Restauration.)

Miniature sur ivoire, dans un cadre rectangulaire or à charnières.
Haut., 0.040 ; larg., 0.033.

257 — *Portrait de lieutenant de l'armée de Condé*, tunique noire, passepoils bleu clair, épaulette et boutons blancs. (Restauration.) *Portrait d'une femme jeune*, poitrine découverte, robe verte.

Deux miniatures rondes sur cuivre, dans un médaillon cuivre doré s'emboitant.
Haut., 0.065 ; larg., 0.050.

258 — *Portrait d'un mari et sa femme.* Elle a une robe rouge, bonnet et cols blancs. Lui, un habit marron et gilet blanc à raies bleues. (Restauration.)

Miniature ovale sur ivoire, dans un reliquaire cuivre doré.

Haut., 0.041 ; larg., 0.052.

259 — Gobert. — *Portrait d'un homme*, redingote noire, cravate et jabot blancs. Signé et daté 1834.

Miniature ovale sur ivoire, cadre bois noir, cercle cuivre doré.

Haut., 0.095 ; larg., 0.078.

260 — Hérail (J.-B.). — *Portrait d'une jeune femme*, coiffée d'un large chapeau, corsage rose. Signé et daté 1830.

Belle miniature ovale sur ivoire, cadre rectang. bois, cercle cuivre doré.

Haut., 0.133 ;larg., 0.105.

261 — Rondet. — *Portrait de femme marseillaise*, avec le bonnet blanc et le fichu jaune.

Miniature ovale sur ivoire, cadre bois noir, cercle doré.

Haut., 0.062 ; larg., 0.051.

262 — *Portrait de jeune femme*, poitrine découverte, robe blanche, écharpe rouge (Empire). Au revers on lit : Mlle Catherine d'Odet d'Orsonnens, fille de M. J.-M.-A. d'Odet d'Orsonnens, baillif d'Attalens, ... à Rome en 1808.

Miniature rectang. sur ivoire, cadre bois doré. A figuré comme étant de Rondet à l'Exposition de Marseille 1906.

Haut., 0.073 ; larg., 0. 061.

263 — Valerian. — *Portrait d'homme*, face très expressive, forte chevelure, grand manteau à col de fourrure, cravate rouge. *Signé* (1835). Portrait présumé du peintre Grésy.

Grande miniature ovale sur ivoire d'une très bonne exécution, cadre bois noir, cercle cuivre doré. A figuré à l'Exposition rétrospective, Marseille 1906.

Haut., 0.109 ; larg., 0.088.

264 — *Portrait de femme*, corsage bleu, décolleté. Epoque Louis XV.

Email sur une boîte écaille, cercle cuivre doré.

265 — *Portrait d'homme*, en habit gris bleu (vers 1775).

Miniature ovale d'une exécution remarquable, sur une boîte en ivoire, doublée d'écaille.

Haut., 0.043 ; larg., 0.034.

266 — *Amphitrite et Neptune* (XVIIIe siècle).

Jolie miniature ronde sur une boîte en buis doublée d'écaille.

Diam., 0.084.

267 — Six miniatures : marine avec personnages, paysages et effet de neige, peints à la gouache sur toutes les faces d'une tabatière, monture argent (XVIIIe siècle).

Gouache.

Haut., 0.033 ; long., 0. 083 ; larg., 0.052.

268 — *Enfant en buste*, de profil, veste verte (XVIIIe siècle).

Aquarelle sur papier carton, dans une boîte cuivre rectangulaire.

Haut., 0.051 ; larg., 0.041.

269 — *Jeune fille*, en robe blanche, ceinture bleue, poitrine découverte, ruban bleu dans les cheveux, assise sur un canapé. (Epoque Louis XVI.)

Miniature ronde sur une boîte en ivoire doublée d'écaille.

Diam., 0.072.

270 — *Portrait de femme* (Louis XVI).

Miniature moderne, signée : GARNIER, sur une boîte ronde ivoire.

271 — *Portrait d'homme* en habit bleu, cravate et gilet blancs. (Fin XVIIIe siècle.)

Miniature sur boîte ronde écaille.

Diam., 0.065.

272 — ALBERTIS. — *Portrait d'une femme*, poitrine et seins découverts, robe gris vert. Signé. (Empire.)

Miniature ronde sur une boîte buis doublée d'écaille, cercle doré.

Diam., 0.080.

273 — Bourgeois. — *Portrait d'homme* de profil à gauche. Signé et daté : Bourgeois An XI.

Fine miniature sur ivoire, dans un cadre rectang. or, sur une boîte ronde écaille.

Diam., 0.063.

274 — *Femme couronnant l'Amour.* (Epoque Empire.)

Miniature dorée sur une boîte ronde en écaille blonde montée or.

Diam., 0.060.

275 — *Portrait d'homme*, en habit chamois, gilet et jabot blancs. (Empire).

Miniature ovale sur une jolie boîte ronde en ivoire, l'intérieur marqueté paille, cerclée or.

Diam., 0.062 ; miniature : haut., 0.048 ; larg., 0.037.

276 — *Portrait de femme*, poitrine et bras nus, couronne avec camée central, voile sur la tête, robe bleue, collier de perles. (Empire.)

Miniature ronde sur une très jolie boîte ronde écaille rouge et or.

Diam., 0.076 ; diam de la boîte, 0.090.

277 — *Portrait d'homme*, habit gris bleu, cravate blanche. (Fin Empire.) *Au revers on lit :* Jean-Baptiste, comte de Sainte-Colombe, ancien page de Louis XVI et de Mme Elisabeth, etc.

Miniature ronde sur une boîte ivoire, cercle or.

Diam., 0.055.

278 — Lami. — *Portrait d'une jeune fille tenant des fleurs* robe blanche, ceinture bleue. Paysage et urne avec initiales L. M. — Signé. (Fin Empire.)

Miniature ronde sur boîte en écaille, cerclée d'or.

Diam., 0.080 ; miniature, 0.063.

279 — Romani. — *Portrait d'homme*, en redingote bleue, gilet blanc. — Signé. (Empire.)

Miniature ronde sur ivoire. Sur le couvercle d'une tabatière buis doublée d'écaille.

Diam., 0.062.

280 — *Portrait du Pape Pie VII*, calotte blanche, camail rouge.

Miniature ronde sur une boîte en écaille, cerclée de cuivre.

Diam., 0.078 ; miniature, 0.055.

281 — *Portrait d'un chanoine* (1830).

Miniature ronde sur une boîte en ivoire doublée d'écaille, cercle doré.

Diam., 0.082 ; miniature : diam., 0.044.

282 — *Louis XVIII et la duchesse d'Angoulême dans le parc de Saint-Cloud*, devant le buste d'Henri IV, dans le fond le château.

Miniature, fixée sur une boîte ronde doublée d'écaille, filet doré.

Diam., 0.086

283 — *Portrait d'un adolescent blond.* Copie d'un portrait de Van Dyck.

Miniature ovale sur ivoire, cadre en ébène, ancien.

Haut., 0.086 ; larg., 0.068.

284 — *Portrait du général Foy*, sur feuille estampée et dorée.

Sur tabatière buis doublée d'écaille.

Diam., 0.082.

285 — *Sujet satirique contre les médecins.* (Restauration.)

Impression sur tabatière ronde.

Diam., 0.083.

286 — *Portrait de jeune femme*, coiffée d'un haut chapeau de paille, avec rubans blancs dessus et une fleur de lys d'or sur le devant, robe blanche, manteau rouge.

Miniature ronde sur ivoire, cadre bois noir, cercle cuivre doré.

Diam., 0.067.

287 — *Portrait d'une femme âgée*, bonnet dentelle, collerette, corsage bleu.

Miniature ovale sur ivoire, cadre moderne.
Haut., 0.043 ; larg., 0.035.

288 — *Vue du château des Tuileries*. (Vers 1840.)

Miniature sur dessus de tabatière.

289 — *Portrait d'une jeune femme blonde*, poitrine découverte, robe blanche, tenant de la main droite une écharpe rouge.

Miniature ovale sur ivoire, cadre velours, cercle.
H., 0.066 ; larg., 0.056.

290 — *Portrait de Calvin*.

Miniature ovale sur ivoire, cadre velours, cercle doré.
Haut., 0.076 ; larg., 0.064.

291 — FEYTAUD (Sophie). — *Portrait de jeune enfant blond*, chemise blanche, ouverte. — Signé et daté. 1850.

Miniature ovale sur ivoire, cadre bois, cercle cuivre doré.
Haut., 0.054 ; larg., 0.043.

292 — *Portrait de Forbin*, peintre, élève de Boissieu. Attribué à LOUBON.

Miniature aquarelle sur papier, dans un cadre estampé.
Haut., 0.055 ; larg., 0.045.

293 — MAUDUIT. — *Portrait d'une jeune mère et de son fils*. Signé et daté 1852.

Miniature ovale sur ivoire, cadre rectang., bois noir, ancien.

294 — MEURET. — *Portrait de femme*, corsage blanc, rose au corsage. — Signé.

Miniature ovale sur ivoire, cadre cuivre estampé.

295 — Meuret. — *Portrait de fillette*, poitrine découverte, ruban rose à la taille (vers 1840).

Miniature ovale sur ivoire, cadre bois, cercle cuivre.

Haut., 0.064 ; larg., 0.055.

296 — *Portrait de jeune femme*, poitrine découverte (vers 1850).

Miniature ovale sur ivoire, montée en broche or.

Haut., 0.032 ; larg., 0.018.

297 — Van Pol. — *Grappe de raisins.* — Signée.

Miniature sur porcelaine, ronde, dans un cadre bois, cercle cuivre doré.

Diam., 0.074.

298 — *Portrait d'homme Louis XIV*, cuirasse, grande perruque.

Miniature sur porcelaine, ovale, montée en broche.

Haut.,0.027; larg., 0.011.

299 — Grosjean (Me). — *Portrait d'une jolie jeune femme blonde*, coiffée d'un turban à la Mme de Staël, poitrine découverte, collier de perles, robe bleu clair. — Signé et daté 1825.

Très belle miniature ovale sur porcelaine, cadre cuivre doré, dans un écrin.

Haut., 0.071 ; larg., 0.062.

300 — *Vestale* tenant une lampe (vers 1830) .

Peinture sur porcelaine, cadre ovale cuivre doré.

Haut., 0.053 ; larg., 0.043.

301 — *Portrait de jeune fille*, poitrine découverte, robe grise (vers 1832).

Miniature ovale sur porcelaine, cadre cuivre.

Haut., 0.100 ; larg., 0.078.

DESSINS, AQUARELLES GOUACHES, PASTELS

302 — *Portrait d'homme*, chapeau sur la tête, attribué à Lagneau. (Fin XVIe siècle.)

Dessin aux deux crayons, rectang., cadre bois noir, baguette or.

Haut., 0.114 ; larg., 0.109.

303 — *Un Seigneur* tient assise sur ses genoux une belle femme dont il caresse le menton. Au second plan, des jardins français, dont les allées sont parcourues par quelques couples (commencement du XVIIe).

Aquarelle gouachée, avec rehauts d'or, sur vélin. Attribuée à Du Guernier.

Haut., 0.120 ; larg., 0.105.

304 — *La Flagellation*, *La Mise au Tombeau*. Ces dessins portent le nom de Martin de Vos.

Deux dessins à la plume et sépia, cadres mod.

305 — LACOUR. — *Guerrier couronné par la Victoire*. Signé.

Aquarelle encadrée.

Haut., 0.202 ; larg., 0.252.

306 — *Scène de Bataille*, *Cavaliers au Camp*.

Deux aquarelles encadrées.

307 — MONNET (C.). — *Mentor et Télémaque* dans un temple. Signé (XVIIIe siècle).

Dessin encre de Chine et lavis, cadre bois doré.

Haut., 0.233 ; larg., 0.189.

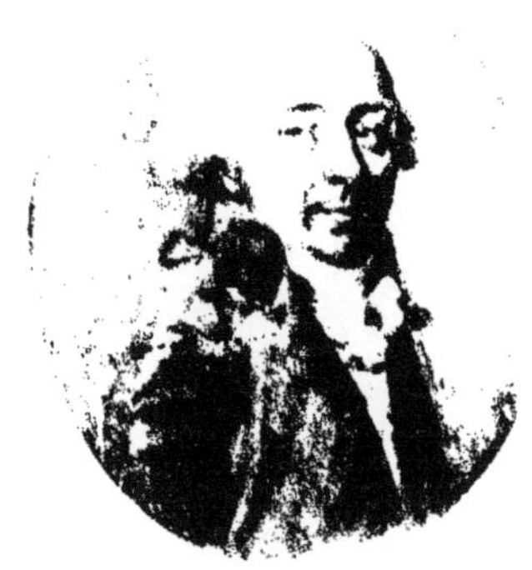
143

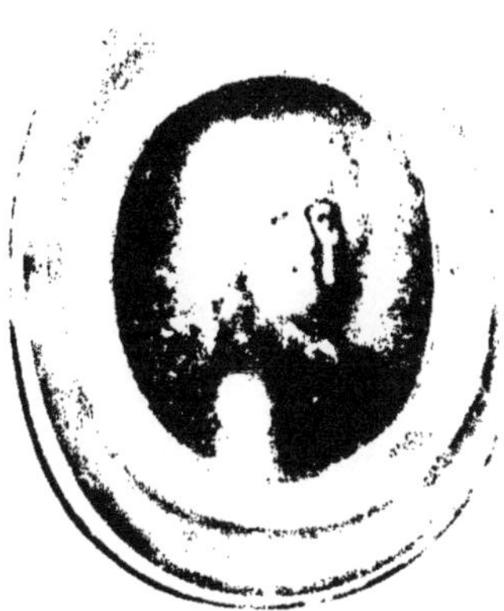
93

1450

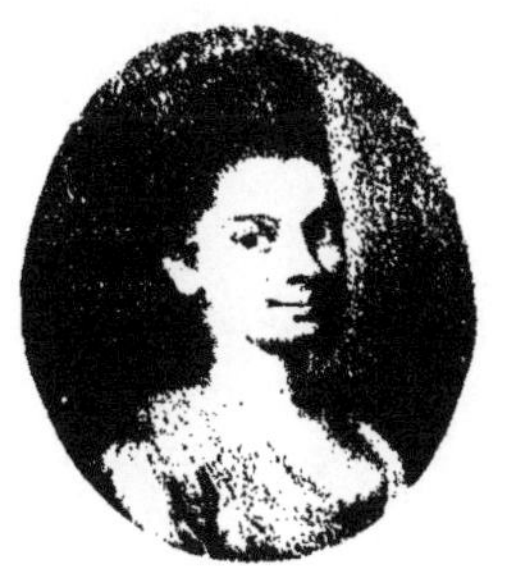
264

350

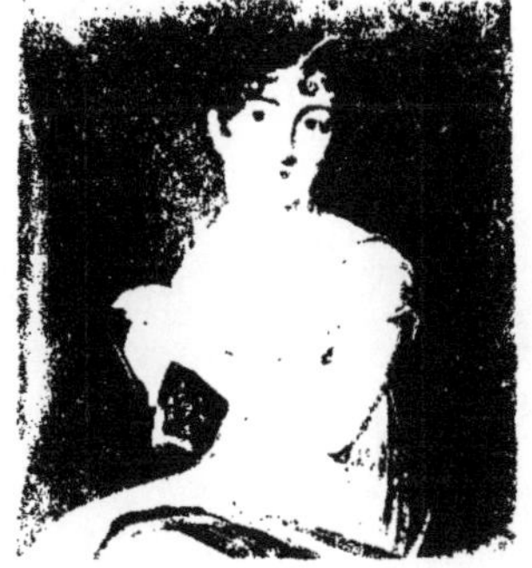
233

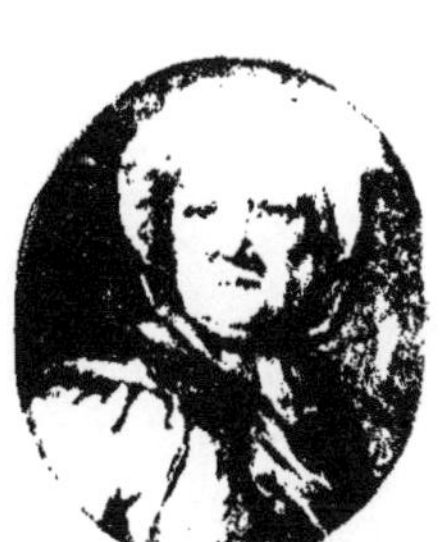
109

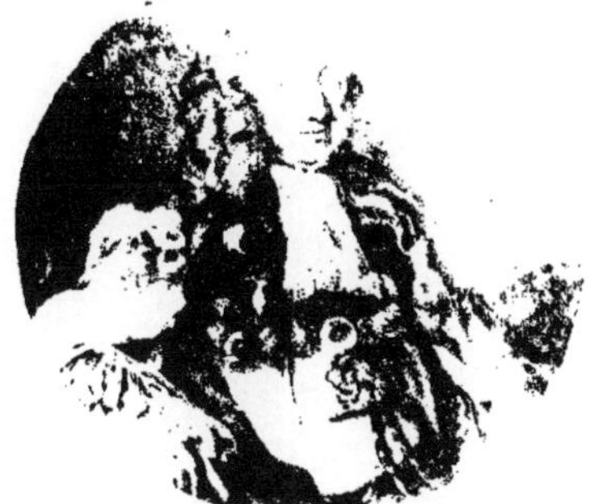
96

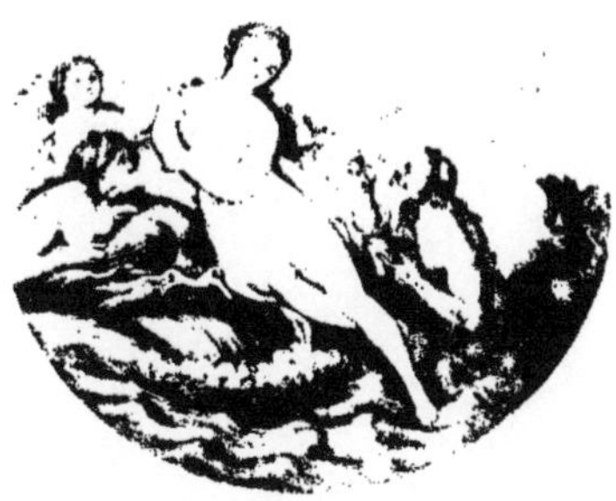
266

308 — *Portrait d'un homme* en habit bleu et perruque, tenant à la main de la musique. On lit : « Dominique-Amédée Morandy, beau-père de Louis Volland, depuis l'année 1747. »

Desin rehaussé de couleurs sur papier, cadre ovale bois doré.
Haut., 0.082 ; larg., 0.058.

309 — Oppenort. — *Sujet de décoration Régence* pour tapisserie ou décoration murale.

Très belle composition. Dessin rehaussé de couleurs. Ce dessin est reproduit dans l'ouvrage de Roger Milès : Architecture XVIIIe siècle. Encadr.
Haut., 0.350 ; larg., 0.445.

310 — Natoire (C.). — *Le Martyre de saint Ferréol.* — Le saint va être décapité ; soldats et cavaliers à droite, à gauche au 1er plan une femme tenant un enfant, une autre prie à côté d'elle ; dans le haut, à droite, deux anges, à gauche, un ange tenant la palme du martyr. Ce dessin porte comme indication : 21 pieds de longueur et 19 pieds en hauteur. C'est l'esquisse du grand tableau qui se trouve dans l'église paroissiale de Saint-Ferréol (Les Augustins de Marseille).

Beau dessin rehaussé de couleurs, encadré.
Haut., 0.245 ; larg., 0.275.

311 — *Paysage* avec grands arbres. Personnages et vaches.

Dessin à l'encre de Chine, sur papier bleu, rehaussé de blanc, cadre bois.
Haut., 0.233 ; larg., 0.235.

312 — *La Comédie Italienne*, de Watteau.

Dessin à la mine de plomb et sanguine, encadr.
Haut., 0.200 ; larg., 0.242.

313 — *La Justice* assise tenant un médaillon, à ses pieds un globe surmonté d'une couronne (XVIIIe siècle.)

Dessin à l'encre de Chine, cadre rond, bois doré.

314 — *Paysage animé* (XVIIIe siècle).

Aquarelle, cadre bois doré.
Haut., 0.138 ; larg., 0.205.

315 — *Portrait d'homme* en habit bleu, cheveux blancs (XVIIIe siècle).

Dessin au crayon noir et à la sanguine, cadre rond de l'époque.
Diam., 0.097.

316 — *Portrait d'un Garde française*, chapeau sur la tête. (Louis XVI).

Dessin au crayon, rehaussé de sanguine, cadre rond bois.
Diam., 0.116.

317 — *Portrait de femme âgée*, coiffée d'un bonnet (fin Empire).

Dessin à la mine de plomb, rehaussé de couleurs, cadre bois à incrustations nacre.
Haut., 0.067 ; larg., 0.056.

318 — Dieu (A.). — *Les Noces de Cana.* Signé.

Plume et sépia, cadre moderne.
Haut., 0.171 ; larg., 0.103.

319 — *Paysage*, cours d'eau et berger.

320 — *Ruines où deux Femmes se présentent.* Signature illisible.

Deux aquarelles encadrées.
Haut., 0.013 ; larg., 0.022.

321 — *Corbeille de roses.* — Au-dessous, dix vers dans un encadrement, avec portrait dans un médaillon (fin Louis XV.)

Crayon, plume et aquarelle, cadre, baguette.

322 — Academie. — *Un Satyre assis.*

Sanguine.
Haut., 0.530 ; larg., 0.490.

323 — *Tête de femme*, légèrement relevée, les yeux presque clos. (Ecole française du XVIIIe siècle.)

Sanguine ovale, cadre bois doré, passe-partout.
Haut., 0.315 ; larg., 0.250.

324 — VAN LOO (Carle). — *Tête de femme.*

Dessin au crayon noir et sanguine cadre bois doré.
Haut., 0.370 ; larg., 0.310.

325 — *Portrait d'un Astronome jeune*, drapé d'un manteau, la main tenant un compas qui repose sur une sphère céleste (fin XVIIIe siècle).

Dessin rehaussé de couleurs, ovale, dans un cadre moderne.
Haut., 0.230 ; larg., 0.200.

326 — *Pygmalion est entraîné par l'Amour vers sa Galathée qui s'anime.* Attribué à Norblin. (Commencement du XIXe siècle).

Dessin à la plume rehaussé de couleurs, cadre bois doré.
Haut., 0.131 ; larg., 0.105.

327 — SOIRON Père. — *Portrait d'homme jeune.* — *Portrait de femme jeune.* Signés et datés 1807-1809.

Deux portraits au crayon rehaussés de blanc, cadres bois noirs, filets dorés.
Diam., 0.189.

328 — AUGER (V.). — *Le Lever.* — *Le Coucher.* Signés et datés 1813.

Deux dessins au crayon, encadrés.

329 — DESRAIS. — *Portrait de Dorothée de Wurtemberg*, reine de Wesphalie, née en 1783.

330 — *Portrait de Marie-Julie*, reine de Naples et de Sicile, 30 mars 1806, née en 1777.

Deux dessins plume et sépia, cadre bois.
Haut., 0.168 ; larg., 0.108.

331 — Aubert (Augustin). — *Portrait d'un jeune homme*, en redingote grise, cravate et gilet blancs. (Vers 1815.)

Crayon rehaussé d'aquarelle, dans un cadre noyer.
Diam.,0.112.

332 — *Portrait de S. A. R. Madame la duchesse d'Angoulême*, peint d'après nature à Poitiers, en 1815, par Mme la baronne de Latrours, née de Givonnes.

Aquarelle rectang., cadre baguette dorée.

333 — *Portrait d'homme* (vers 1815).

Dessin à la mine de plomb, cadre bois doré, rectang.
Haut., 0.086 ; larg., 0.065.

334 — *Portrait d'Adalbert de Paul*, coiffé d'un chapeau de paille haut de forme, col déboutonné, tunique bleue à gros boutons de cristal. Dans le fond on voit la vigie de N.-D. de la Garde, le port de Marseille, etc. (1819).

Belle aquarelle ronde, dans un cadre bois noir, cercle cuivre doré.
Diam., 0.104.

335 — Bonnefoux (Emilie). — *Portrait de femme*, robe lilas, cou et bras nus. Signé et daté 1823.

Aquarelle, cadre de l'époque.
Haut., 0.162 ; larg., 0.128.

336 — *Jeune femme*, poitrine et bras découverts (vers 1830).

Dessin à l'encre de Chine.
Haut., 0.155 ; larg., 0.130.

337 — *Portrait d'un homme* (vers 1830).

Dessin aux crayons de couleurs, cadre rect. moderne.
Haut., 0.208 ; larg., 0.152.

338 — *Portrait d'un homme* (vers 1820).

Dessin crayon, rehaussé de couleurs, cadre avec incrustations.
Haut., 0.196 ; larg., 0.148.

339 — REYMOND (François). — *Portrait de femme.* Signé et daté 1823.

Dessin au crayon, cadre bois noir, filet or.
Haut., 0.285 ; larg., 0.212.

340 — *Portrait de jeune fille assise*, poitrine découverte. Signé et daté A. D. 1823.

Crayon noir et à l'estompe, cadre doré Louis XVI.
Haut., 0.220 ; larg., 0.185.

341 — *Portrait d'une femme*, poitrine découverte, écharpe sur l'épaule. Signé et daté A[le] D. 1823.

Crayon noir et à l'estompe, cadre baguette.
Haut., 0.218 ; larg., 0.185.

342 — HESSE. — *Portrait de femme*, coiffée d'un grand chapeau de paille avec rubans jaunes, posé sur une coiffe à ruches, robe grise, fichu croisé, ceinture rouge. Dans un fond paysage. Signé Hesse (vers 1815).

2800

Importante aquarelle d'une belle exécution, dans un cadre bois, cercle ovale, cuivre doré.

343 — *Portrait d'homme* (vers 1825).

Dessin crayon et sanguine avec rehauts de blanc, encadré.
Haut., 0.195 ; larg., 0.148.

344 — BLAIZE (C.). — *Portrait de jeune femme*, assise sur un canapé. Signé et daté 1823.

Dessin au crayon, rehaussé d'aquarelle, encadré.
Haut., 0.157 ; larg., 0.131

345 — *Portrait de femme*, bonnet de dentelle (vers 1828).

Dessin au crayon, cadre rond, cuivre doré, s'emboitant.
Diam., 0.142.

346 — *Tête de jeune femme* (genre Devéria) 1830.

Dessin à la mine de plomb, ovale, encadré.

347 — *Portrait d'homme* en habit vert, col orange avec broderies, grand cordon bleu, nombreuses décorations.

Dessin rehaussé d'aquarelle, cadre estampé.
Haut., 0.086 ; larg., 0.067.

348 — *Portrait du sous-lieutenant de spahis*, P. H. J. Marie de Nantes d'Avignonet.

Dessin au crayon noir, rehauts de blanc, cadre.
Haut., 0.192 ; larg., 0.148.

349 — Leclerc. — *Portrait en buste de Moncey.* — *Portrait en buste de Mac-Donald*, duc de Tarente.

Deux dessins au crayon, rehaussés de blanc, du graveur Leclerc, cadres bois noir, filet doré.
Haut., 0.161, larg., 0.115.

350 — *Portrait de femme*,coiffée d'un bonnet garni de fleurs, poitrine découverte, robe blanche, fichu sur les épaules.

Portrait d'homme (époque 1820 à 1830).

Deux dessins à la mine de plomb et à l'estompe, rehaussés de couleurs, cadres bois doré anciens.
Haut., 0.210 ; larg., 0.150.

351 — *Un jeune homme jouant de la clarinette*, bonnet rouge à gland bleu, veste grise (vers 1830).

Aquarelle, cadre bois noir.

352 — Foucaud (Aug.). — *Portrait de M. Jules Perrier*, médecin en chef du Val-de-Grâce. (Signé et daté 1830.)

Dessin au crayon, encadré.
Haut., 0.150 ; larg., 0.106.

353 — Defer (Jules). — *Portrait de femme jeune*, assise, capote avec des roses, robe grise. Signé et daté 1832.

Crayon, rehaussé d'aquarelle, cadre bois doré, passe-partout oval.
Haut., 0.301 ; larg., 0.245.

354 — *Portrait de jeune fille*, en robe blanche, collier (Restauration).

Dessin rehaussé de couleurs, dans un cadre portefeuille.
Haut., 0.135 ; larg., 0.110.

355 — CONSTANTIN (Abraham). — *Portrait de jeune femme*, petit bonnet, corsage (Restauration).

Dessin au crayon, cadre bois noir, cercle cuivre doré.
Diam., 0.077.

356 — *Portrait de Sophie Gail*, musicienne, femme de l'helléniste distingué Gail.

Dessin au crayon, cadre bois doré moderne.
Haut., 0.230 ; larg., 0.180.

357 — LE MIRE Aîné (Mme veuve). — *Portrait de jeune femme*, avec béret, poitrine découverte, fourrure sur les épaules.

Dessin au crayon et estompe, cadre moderne.
Haut., 0.312 ; larg., 0.213.

358 — GRANET. — Dans une cour entourée de bâtiments, sous une arcade, deux religieux près d'une fontaine.

Dessin à l'encre de Chine, cadre bois doré.
Haut., 0.116 ; larg., 0.085.

359 — CLERIAN. — *Cloître avec moines*. Signé et daté 1829.

Encre de Chine, encadrée.
Haut., 0.105 ; larg., 0.142.

360 — HORDIVILLIERS (D'). — *Paysage de la Suisse*. — Un homme traverse un pont sur une chute d'eau. Signé (vers 1830).

Aquarelle encadrée.
Haut., 0.380 ; larg., 0.236.

361 — NOGUÈS. — *Portrait d'homme* en buste 1836. Signé.

Dessin rehaussé de couleurs.

362 — Coutel. — *Portrait d'un enfant*, en veste bleue, grand col blanc. Signé et daté 1837.

Crayon rehaussé de couleurs, cadre doré ancien.
Haut., 0.275 ; larg., 0.205.

363 — Finck. — *Portrait d'un diplomate* assis dans un fauteuil, tenant son bicorne de la main droite. Signé et daté 1837.

Belle aquarelle encadrée.
Haut., 0.312 ; larg., 0.225.

364 — *Portrait à mi-corps d'une jeune fille tricotant* (1840).

Plume et encre de Chine.

365 — Roubaud (B.). — *Portrait de femme assise*, robe verte à raies rouges, petit châle noir (1840).

Aquarelle, dans un cadre bois doré XVIIIe siècle.
Haut.,0.235 ; larg., 0.155.

366 — Pellegrin. — *Portrait d'homme*. Signé et daté 1840.

Dessin au crayon, dans un cadre, cercle cuivre doré.
Haut., 0.150 ; larg., 0.115.

367 — *Portrait de la reine Amélie*, femme de Louis-Philippe. Esquisse attribuée à Lamy.

Aquarelle ovale, dans un cadre bois doré.
Haut., 0.208 ; larg., 0.149.

368 — Gobaut. — *Insurrection, bataille civile sur un pont à Paris.*

Aquarelle encadrée.
Haut., 0.133 ; larg., 0.175.

369 — David (Jules). — *Gravures de modes*. Deux dames en pied. Signée.

Aquarelle gouachée, cadre.

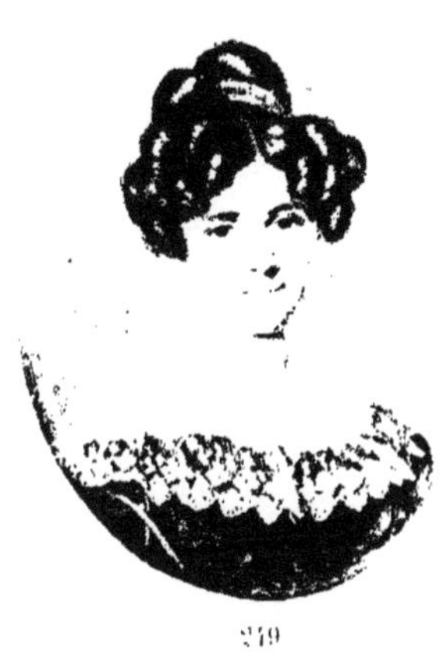

279

280

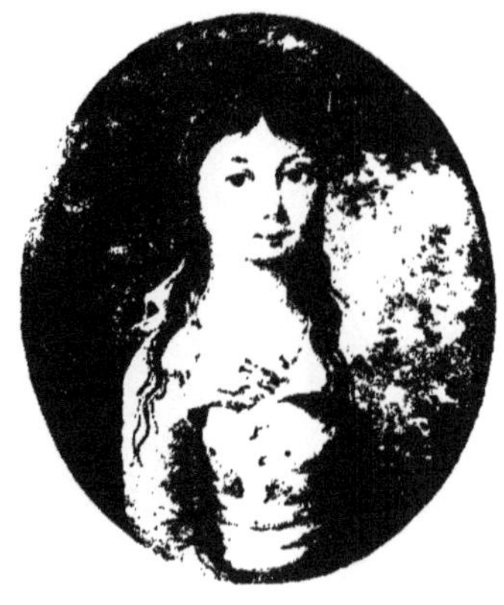

142

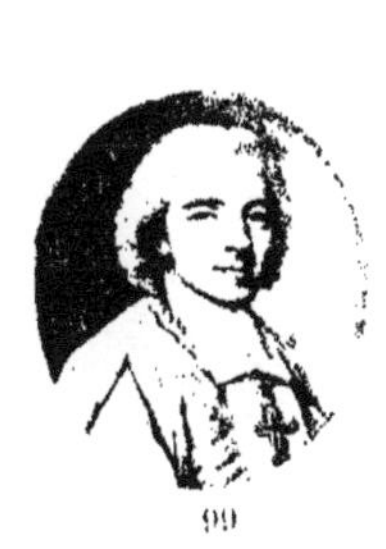

99

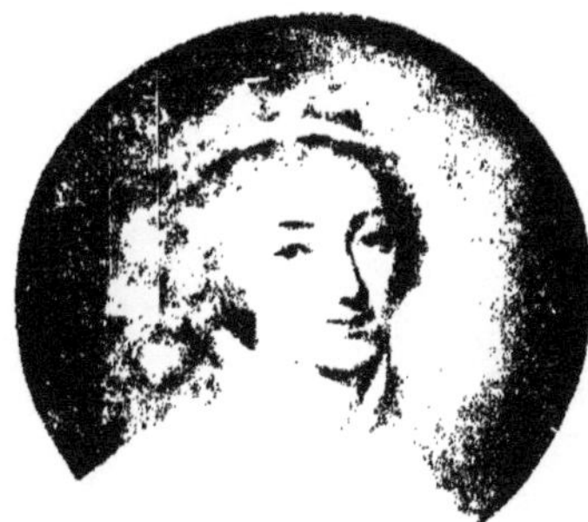

155

820

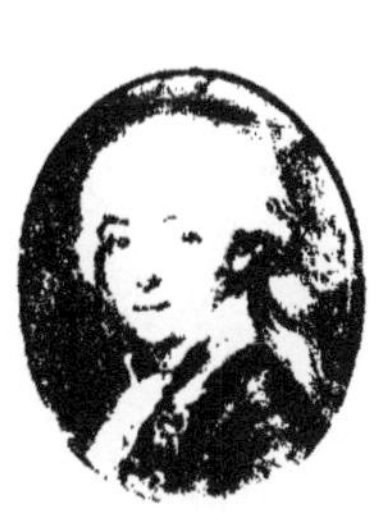

123

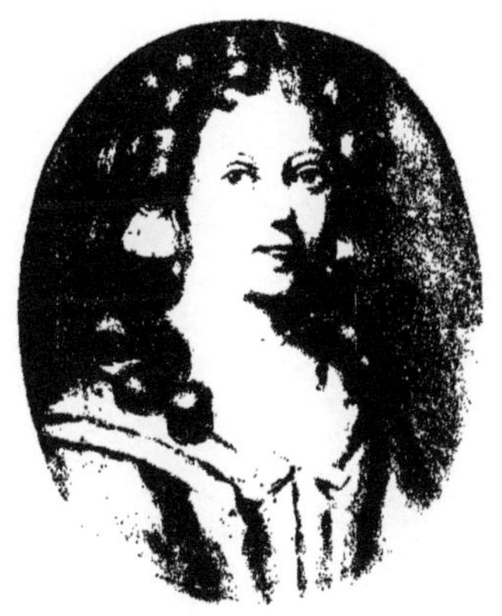

53

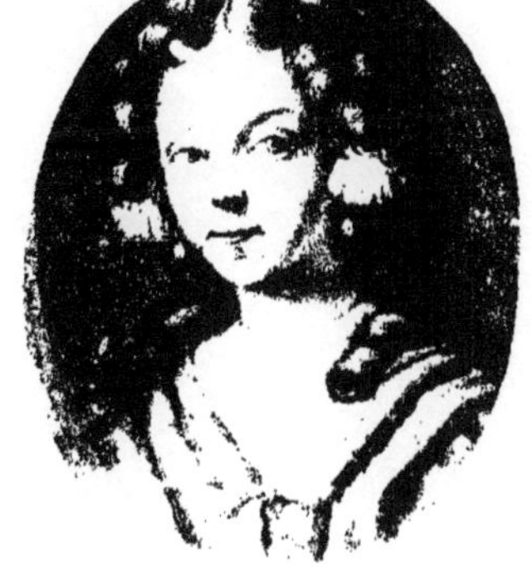

53

370 — Coste (Pascal). — *Vue du sanctuaire de la grande nef de la mosquée El Moyed*, au Caire. Signée.

Aquarelle très fine, publiée dans l'ouvrage « L'Architecture Arabe », encadrée.
Haut., 0.210 ; larg., 0.173.

371 — Coste (Pascal). — *Campo-Vaccino* (Rome), où l'on voit l'arc de Septime-Sévère, les trois colonnes de Jupiter tonnant, les huit colonnes du temple de la Fortune, etc. Signé P. Coste.

Dessin d'une grande finesse, rehaussé de couleurs, encadré.

372 — Bouquet (Emile). — *Portrait de femme brune*, en robe verte, col dentelles (1850). — *Portrait de femme blonde*. Signé et daté E. B. 1861.

Deux aquarelles et crayon, cadres ovales bois doré.
Haut., 0.205 ; larg., 0.155.

373 — Ricard (Gustave). — Le bon roi René se livrant à sa distraction favorite, la peinture ; un personnage vient lui lire une nouvelle. Signé.

Dessin rehaussé de couleurs. Rare. Cadre bois doré moderne, passe-partout et glomis.
Haut., 0.168 ; larg., 0.100.

374 — Guys (C.). — *Femme du second Empire.*

Lavis d'encre de Chine.

375 — Monnier (Henry). — *Portrait d'un comédien.* Signé et daté 1870.

Dessin au crayon, rehaussé de blanc, cadre bois noir, filet doré.
Haut., 0.143 ; larg., 0.093.

376 — Monnier (Henry). — *Présentation d'une actrice au directeur.* Petite scène à six personnages.

Dessin à la plume, rehaussé d'aquarelle, encadré.
Haut., 0.195 ; larg., 0.158.

377 — *Une scène de la vie privée des animaux.*

Dessin à la plume, signé J. G. (Granville), cadre bois ancien.

Haut., 0.120 ; larg., 0.188.

378 — *Portrait de femme presque de face* (vers 1845).

Dessin au crayon, avec rehauts d'aquarelle, dans un cadre rond, cercle cuivre doré.

Diam., 0.081.

379 — TARDIEU. — *Portrait charge du docteur Cauvière.* — Signé. (1855).

Aquarelle. Elle a été reproduite par J.-C. Roux, dans ses « Souvenirs du Passé ». Cadre.

380 — MASSE (Jules). — *Portrait de Mlle X...*, artiste lyrique qui a chanté *la Juive* à Marseille. — Signé.

Dessin au crayon et estompe, cadre bois, passe-partout ovale.

Haut., 0.345 ; larg., 0.270.

381 — REYNAUD (B). — *Scène de la guerre d'Espagne sous Napoléon Ier.* — Signé.

Dessin au crayon, encadré.

Haut., 0.480 ; larg., 0.420.

382 — BENTABOLE (L.) — *Marine*, deux barques tirées à terre. — Signé.

Aquarelle, cadre bois doré.

Haut., 0.146 ; larg., 0.207.

383 — HÉROULT. — *Aquarelle*, marine. — Signée.

Encadrée.

Haut., 0.482 ; larg., 0.215.

384 — ROY (José). — *Le tambourinaïre.*

385 — *Délire.*

Deux dessins originaux, encre de Chine et rehauts de gouache, pour illustrer les « Lettres de mon Moulin », par A. Daudet.

386 — DELMAS (Alphonse.) — *Paysage.* — Signé 1907.

Aquarelle encadrée.

Haut., 0.235 ; larg., 0.325.

387 — PATEL (Fils.) — *Paysage* : barques à l'eau et trois figures. — Signé et daté 1688.

Gouache, cadre bois doré Louis XVI.
Haut., 0.150 ; larg., 0.270.

388 — *Assassinat de saint Pierre de Vérone*. Paysage (XVIIIe siècle).

Gouache encadrée.
Haut., 0.225 ; larg., 0.165.

389 — *Paysage avec personnages*, attribué à Eschard. (XVIIIe siècle).

Gouache d'une belle exécution, encadrée, baguette or.
Haut., 0.160 ; larg., 0.225.

390 — FLANDIN (Eugène.) — *Tombeau de la sultane Zobedeh*, femme d'Haroun al Raschid, à Bagdad. — Signé.

Gouache, cadre bois doré.
Haut., 0.197 ; larg., 0.285.

391 — AUBERT (Augustin.) — *Paysage* ; au milieu un tombeau et trois personnages. — Signé.

Gouache, cadre moderne.
Haut., 0.160 ; larg., 0.103.

392 — *Portrait de Marie-Caroline*, reine de Naples, fille de l'empereur François Ier et de Marie-Thérèse, et sœur de la reine de France, Marie-Antoinette, née à Vienne en 1752, morte en 1814, épouse en 1768, de Ferdinand IV, roi de Naples.

Gouache très fine, dans un cadre ovale noir et or.
Haut., 0.135 ; larg., 0.107.

393 — *Une femme caresse la main d'un nègre qui tient un fouet.*

Aquarelle gouachée, cadre bois doré.
Haut., 0.256 ; larg., 0.262.

394 — DRAGUE. — *Portrait d'une Arlésienne*, bonnet blanc à rubans verts et jaunes, fichu rouge, robe noire. — Signé et daté 1819.

Pastel, cadre bois doré.
Haut., 0.480 ; larg., 0.370.

395 — Sardou. — *Portrait d'enfant.* — Signé (xixe siècle).

Pastel ovale, dans un cadre bois noir, filet doré.
Haut., 0.380 ; larg., 0.320.

396 — *Portrait de vieille femme*, bonnet blanc tuyauté, robe bleue. (Fin xviiie siècle.)

Pastel, cadre bois doré ancien.
Haut., 0.485 ; larg., 0.263.

270

397 — Michel. — *Portrait de femme*, petit bonnet de dentelle à rubans bleu clair, velours noir au cou, robe blanche avec nœud bleu. — Signé et daté 1771.

Pastel, cadre bois doré, ancien.
Haut., 0.243 ; larg., 0.195.

350

398 — *Portrait de jeune femme*, habillée en pèlerine, coquilles au chapeau et sur les épaules, robe noire décolletée, autour du cou ruban jaune avec ganse. (Fin Louis XV.)

Pastel ovale, dans un cadre bois noir et ganse dorée.
Haut., 0.258 ; larg., 0.198.

399 — *Portrait d'homme*, en habit bleu.

400 — *Portrait de jeune femme*, robe blanche, manteau bleu, collerette tulle blanc. (Fin Empire.)

Deux pastels rectangulaires, cadres bois doré.
Haut., 0.203 ; larg., 0.150.

401 — *Portrait de jeune femme*, bonnet avec ruban noir, poitrine découverte.

Pastel, joli cadre bois.
Haut., 0.091 ; larg., 0.071.

OBJETS DE L'EXTRÊME-ORIENT

Bronzes et Métaux divers

402 — *Boudha indien*, assis sur son trône. Culte lamaique du Thibet ; Boudha de contemplation. Bronze doré ancien.

Haut., 0,17.

403 — *Boudha* assis, du Cambodge. Bronze doré.

Haut., 0,15.

404 — *Boudha* (*Cathya Mouni*). Enfant debout sur le lotus, montrant d'une main le ciel et de l'autre la terre. Bronze du XIVe ou XVe siècles, du Thibet ou de la Chine septentrionale.

Haut., 0,19.

405 — *Boudha du Laos*, debout, les deux bras pendants ; il est posé sur une proue de navire. Divinité très rare en cette représentation et revêtue d'une belle patine. Bronze du XVe siècle.

Haut., 0,61

406 — *Boudha du Laos*, assis ; socle attenant. Bronze patiné. Belle pièce de la fin du XVIe siècle.

Haut., 0,58.

407 — *Boudha* assis, avec inscription autour du piédestal.

Haut., 0,23.

408 — *Boudha* en pied, tenant l'arc. Pièce en métal blanc, très curieuse, mais légèrement dégradée.

Haut., 0,25.

409 — *Statuette*, bronze, zinc gravé.

410 — *Adorant*, un genou à terre. Bronze du Laos, du XVe siècle.

Haut., 0.10.

411 — *Brûle-parfums* à anses, avec chien Fô sur le couvercle. Bronze.

Haut., 0.20.

412 — *Brûle-parfums* en forme de pavôt. Bronze du Japon, avec socle en bois sculpté. Pièce très curieuse.

413 — *Deux bonzes assis*. Bronze à plusieurs teintes. Indo-Chine.

Haut., 0.06.

414 — *Chevrette*. Bronze chinois.

415 — *Vase* pour le vin du sacrifice. Bronze chinois.

416 — *Vase* pour l'eau du sacrifice. Bronze chinois.

417 — *Vase*. Bronze chinois.

418 — *Petit vase* à deux anses, avec couvercle. Bronze chinois.

419 — *Vase* forme oiseau, avec couvercle. Bronze chinois.

420 — *Vase* ovale. Bronze chinois.

421 — *Lampe* en forme de siège ou de trône. Bronze du Thibet.

422 — *Garde de sabre*, en fer, avec incrustations or, argent et cuivre. Personnages et fleurs, forme ovale. Japon.

423 — *Garde de sabre* en fer, ornée de poissons. Japon. *Signée*.

424 — *Garde de sabre* en fer incrusté de cuivre jaune et rouge. Homme assis ; partiellement ajourée. Japon.

425 — *Garde de sabre*, en fer ciselé et incrusté or et cuivre jaune. Cavaliers et guerriers. Japon.

426 — *Garde de sabre* en fer ciselé, incrusté d'or, d'argent et de bronze. Personnage debout. Japon.

427 — *Garde de sabre* en fer ciselé, gravé, évidé et ajouré, incrusté d'or. Feuilles et fleurs. Japon.

428 — *Garde de sabre* en fer ciselé, gravé et ajouré, avec dragon. Japon.

GROUPES ET STATUETTES

Ivoires du Japon

429 — *Comédien* tenant un éventail.

430 — *Comédien* agenouillé. *Signé.*

431 — *Pêcheur* assis à terre, la main droite relevée, tient un plat de poisson que guette un chat. Pièce très ancienne.

432 — *Marchand de poissons*, debout, offre sa marchandise. Pièce très ancienne.

433 — *Groupe* de quatre personnages.

434 — *Groupe* de deux personnages et d'un singe grotesque.

435 — *Groupe* de trois chiens Fô. Jolie patine.

436 — *Mousmé* debout une rose à la main ; elle porte un enfant sur son dos, tenant une libellule. *Signé.*

437 — *Marchand de tortues*, sous une ombrelle, avec deux enfants. *Signé.*

438 — *Groupe* d'un homme et de deux enfants. *Signé.*

439 — *Pêcheur* tenant un crabe.

440 — *Condamné* tenant sa sentence. *Signé.*

441 — *Homme* portant un enfant sur l'épaule ; une vipère lui mord le pied droit.

442 — *Fumeur d'opium.*

443 — *Marchand debout.*

444 — *Sennin* sur un taureau.

445 — *Buffle* couché, un singe lui tire le museau.

446 — *Buffle* couché, un singe est blotti contre lui.

447 — *Scène* à quatre personnages, sculptée sur une partie de défense d'éléphant.

448 — *Scène.* id.

449 — *Homme barbu*, en forme d'étui. Chine.

450 — *Groupe*, hommes et femmes. Chine.

451 — *Groupe*, id.

452 — *Groupe* de guerriers combattant. Chine. *Signé.*

453 — *Deux petites figurines*, os polychromé. Chine.

454 — *Quatre petites statuettes.*

455 — *Deux défenses* ornées de sculptures grossières. Côte Occidentale d'Afrique.

456 — *Vase de sacrifice*, en corne de rhinocéros, forme de fleurs de lotus, reposant sur un pied de bois noir ajouré. Très curieux travail.

457 — *Grand sabre* japonais, manche et fourreau en os sculpté.

458 — *Petit sabre* japonais, os sculpté.

Netskés en Ivoire

459 — *Dieu de la Gaîté.*

460 — *Grenouille* sur une tulipe.

461 — *Singes* enlacés par une pieuvre.

462 — *Homme et singe.*

463 — *Groupe* de trois personnages.

464 — *Homme* assis et enchaîné par le cou.

465 — *Deux hommes* se battant. *Signé.*

466 — *Chien Fô*, tenant une boule ajourée. *Signé.*

467 — *Personnage* debout, patine rouge.

468 — *Dieu de la Joie.*

469 — *Homme* tenant un masque.

470 — *Homme* tenant un enfant dans un paquet.

471 — *Sculpteur* travaillant. *Signé*

472 — *Coquilles.*

473 — *Femme* avec un pagne.

474 — *Singe* examinant un petit singe. *Signé.*

475 — *Enfant* devant une terrine. *Signé.*

476 — *Enfant* chatouillant le nez de son père. *Signé.*

477 — *Enfant* tenant un grelot. *Signé.*

478 — *Enfant* traînant un sac. *Signé.*

479 — *Enfant* à cheval sur une calebasse. *Signé.*

480 — *Femme* ayant devant elle une boîte. *Signé.*

481 — *Chien Fô* avec un homme.

482 — *Chien lion.*

483 — *Chien* accroupi, gueule ouverte.

484 — *Chien* accroupi, gueule fermée.

485 — *Homme* accroupi, tenant une coquille.

486 — *Homme* accroupi, tenant un masque.

487 — *Fumeur* d'opium debout.

488 — *Dieu de la Joie*, accroupi.

489 — *Homme* tenant sa barbe.

490 — *Homme* tenant un masque sur sa poitrine.

491 — *Homme* avec un dragon sur l'épaule.

492 — *Homme* accroupi tenant un bâton. *Signé.*

493 — *Homme* accroupi, le doigt à l'œil. *Signé.*

494 — *Homme* portant un paquet.

495 — *Cheval.*

496 — *Homme* portant un écrivain dans un sac.

497 — *Chien* assis, la patte gauche relevée.

498 — *Dieu* assis, crapaud sur l'épaule. *Signé.*

499 — *Dieu* assis et deux personnages. *Signé.*

500 — *Homme* tenant un enfant dans un paquet.

Netskés en Bois

501 — *Personnage debout.*

502 — *Masque* de diable ; bois laqué. *Signé.*

503 — *Homme* assis ; bois laqué noir. *Signé.*

504 — *Homme* assis, tenant un maillet ; bois laqué marron.

505 — *Homme* accroupi pleurant ; laqué rouge.

506 — *Masque* de diable. *Signé.*

507 — *Homme* tenant une femme. *Signé.*

509 — *Coquille* entr'ouverte ; temple et personnages à l'intérieur. *Signé.*

510 — *Homme* bâillant. *Signé.*

511 — *Marchand* accroupi, tenant une corbeille.

512 — *Danseur*, manteau éployé.

513 — *Enfant* couché sur un grelot. *Signé.*

514 — *Homme* accroupi et voilé. *Signé.*

515 — *Fou*, les mains sur la tête.

516 — *Femme*, bois et ivoire.

517 — *Masque.*

518 — *Chien Fô.*

519 — *Chu* de mandarin, sculpté et ajouré, ovale.

Céramiques

520 — *Quatre assiettes*, porcelaine du Japon ; décor de fleurs, rouge, bleu et or.

521 — *Assiette*, décor rayonnant, porcelaine du Japon.

522 — *Assiette*, id. décor de fleurs.

523 — *Assiette*, id., fleurs sur le marli.

524 — *Deux assiettes*, porcelaine du Japon avec sujets au milieu ; décor rouge, noir et or.

525 — *Assiette*, décor de personnages, faïence japonaise, genre émail.

526 — *Plat rond*, décor de sujets et oiseaux, etc. Porcelaine du Japon.

527 — *Grand plat* ovale, décoré de médaillons, oiseaux, papillons en polychromie et or. Porcelaine de Chine ; fabrique de Canton.

528 — *Deux assiettes.* Même décor.

529 — *Compotier*, forme octogonale, décor polychrome de fleurs, papillons et paysage. Porcelaine de Chine.

530 — *Chien* assis, émail truité, genre Satzuma.

531 — *Dieu Kothu*, portant le maillet en l'air. Statuette genre Satzuma.

532 — *Bonze* portant une boîte. Statuette porcelaine polychrome du Japon.

533 — *Mousmé* tenant un enfant. Statuette porcelaine polychrome du Japon.

534 — *Trois petites statuettes*, grès émaillé du Japon.

535 — *Homme* tenant un bassin. Statuette terre émaillée du Japon.

536 — *Trois statuettes*, hommes accroupis, terre émaillée du Japon.

537 — *Statuette*, guerrier combattant un dragon à deux têtes; grès en partie émaillé. Japon.

538 — *Statuette* en grès, à mi-corps, provenant des fouilles d'Angkhor. Reine avec la poitrine nue. Art Khermer du XIIe siècle.

539 — *Statuette*, terre cuite noire, marchand accroupi. Japon.

540 — *Deux statuettes* minuscules, terre émaillée. Japon.

541 — *Paire de vases*, décor polychrome de paysage, oiseaux, papillons. Porcelaine de Chine, bel émail.

Haut., 0.57.

542 — *Paire de vases* porcelaine à fond truité, craquelé, avec sujets bleus de quatre personnages. Chine.

Haut., 0,25.

543 — *Vase rouleau*, porcelaine, décor polychrome avec dix-huit personnages, divinités, etc. Chine. Très jolie pièce.

Haut., 0,45.

544 — *Paire de vases*, porcelaine fond jaune truité craquelé ; décor de personnages. Chine. *Marque*.

Haut., 0.45.

545 — *Paire de vases*, porcelaine fond vert clair ; décor d'oiseaux et fleurs. Chine.

Haut., 0.22.

546 — *Paire de vases*, porcelaine, forme balustre ; décor polychrome à personnages. Chine.

Haut., 0.29.

547 — *Paire de vases*, porcelaine fond truité craquelé, avec sujets. Chine. *Marque*.

Haut., 0.30.

548 — *Vase*, porcelaine émail bleu, forme flacon ; décor bleu foncé, dragon à trois griffes. *Marque des Mings*.

Haut., 0.20.

549 — *Vase* porcelaine, fond craquelé. Chine.

Haut,

550 — *Paire petits vases* côtelés, avec sujets. Satzuma. *Marque*.

Haut., 0.12.

551 — *Paire de petits vases*, décoré de sujets d'une très grande finesse et d'une délicatesse exquise, aux figures pleines d'expression. Pièce très intéressante en Satzuma. *Marque*.

Haut., 0.12.

552 — *Petit vase* à deux anses ; décor de fleurs et bêtes ; genre Satzuma. *Marque*.

Haut., 0.12.

553 — *Boite ronde* applatie, décor très fin, avec de nombreux personnages. Satzuma. *Marque*.

Haut., 0.09.

554 — *Deux petits vases* flacons en porcelaine, *dit vases murrhins*. Très ancienne céramique chinoise importée en Egypte.

555 — *Petit vase*, porcelaine émail noir, avec sujet polychrome, deux lutteurs. Chine.

556 — *Deux petits vases*, porcelaine à décor polychrome de dragons et fleurs. Chine.

557 — *Petit vase*, porcelaine, côtelé, décor de fleurs et insectes. Chine.

558 — *Vase* porcelaine, décor polychrome, paysage, fleurs et insectes. Japon.

559 — *Petit vase*, col effilé, genre Satzuma.

560 — *Petit vase*, porcelaine, décor bleu, forme à quatre pans. *Marque*.

561 — *Deux petits vases*, porcelaine, décor rouge. Japon.

562 — *Deux petits vases*, flaçons plats, à anses, avec ornements en relief. Celadon vert. Chine.

563 — *Pièce en forme de seau*, porcelaine, avec ornements rouges et verts. Japon.

564 — *Coupe*, en faïence, décorée de figures et d'ornements ; aspect émail. Indo-Chine.

565 — *Coupe*, porcelaine polychrome, décor européen. Japon.

566 — *Coupe*, porcelaine polychrome, décor de fleurs et insectes. Canton.

567 — *Encrier*, porcelaine, décor rouge et or. Japon.

568 — *Quatre tasses*, porcelaine, décor bleu. Japon. Enveloppes turques, cuivre repoussé.

569 — *Deux grands bols*, décor bleu. Japon.

570 — *Brûle-parfums*, terre bleutée, avec chien Fô sur le couvercle. Japon.

571 — *Deux théières*, porcelaine, décor polychrome. Japon.

572 — *Grande théière*, porcelaine, décor bleu. Chine.

Cloisonnés, Laques, Jades, Cristaux
Pierres, Bois, Objets divers

573 — *Paire de vases*, cloisonnés sur faïence. Fleurs et ornements. Japon. Très beau.

574 — *Paire de vases*, cloisonnés sur faïence. Chine ancien.

575 — *Petit vase* en forme de gourde, cloisonné sur métal.

576 — *Paire de petits vases*, vide-poche, cuivre doré filigrané, avec émaux cloisonnés. Indo-Chine.

577 — *Paire de petits vases*, cloisonnés sur métal. Fond bleu et fleurs blanches. Japon.

578 — *Paire de peits vases*, cloisonnés sur métal. Fond noir et feuillages. Japon.

579 — *Petit vase*, cloisonné sur métal, émaux translucides à fond d'or. Japon.

580 — *Plateau ovale*, cloisonné sur métal ; ornements fleurs. Chine.

581 — *Plat rond*, creux, cloisonné sur métal ; oiseaux et fleurs. Chine.

582 — *Deux petits plateaux*, cloisonné sur métal à fond d'émail blanc, décor de paysages.

583 — *Boite émail* sur métal, fond bleu ; fleurs et sujets sur le couvercle. Chine.

584 — *Deux œufs d'autruche* ornés de dessins laqués et or. Pieds bois sculpté. Japon.

585 — *Boite rectangulaire* en bois dur, avec incrustations de nacre. Tonkin.

586 — *Petite chapelle* en bois, laque noir, dorée à l'intérieur, dans lequel se trouve un petit Boudha en bois sculpté. Japon.

587 — *Petit sabre*, avec fourreau, en bois laqué noir à paillettes or. Japon.

588 — *Corbeille* ajourée, bronze laqué, ornements or sur fond noir.

589 — *Plat* laqué sur porcelaine, fond noir ornementé d'or. Japon.

590 — *Deux coupes*, forme coquille, laquées sur porcelaine, ornements or sur fond noir. Japon.

591 — *Pot à tabac* en corne, laqué d'arbres et oiseaux or.

592 — *Deux petites boîtes* en corne, avec ornements laqués.

593 — *Eventail*, monture en bois laqué. Peinture avec de nombreux personnages avec têtes en porcelaine. Chine.

594 — *Corne de buffle*, laquée et décorée.

595 — *Boîte* octogonale, laque noir ; ornements or d'arbres et oiseaux.

596 — *Boîte* ronde, laque rouge ; ornements noir et or.

597 — *Boîte* à thé, laque brun ; ornements oiseaux et arbustes noir et or.

598 — *Sept petites boîtes*, laques divers.

599 — *Tabatière flacon*, en verre ; bouchon et base rouges, ornements en relief vert et jaune. Chine.

600 — *Tabatière flacon*, en cristal, avec peintures intérieures ; oiseaux, paysage et inscriptions. Chine.

601 — *Boîte* en forme de pêche de longévité. Jade clair transparent. Japon.

602 — *Coupe* à deux anses, sur pieds bois. Jade vert clair. Japon.

603 — *Coupe* octogonale, contournée, évasée, sur pieds en bois. Jade vert foncé. Japon.

604 — *Tabatière* flacon. Jade jaune foncé avec caractères en relief. Chine.

605 — *Statuette*, homme debout, jade clair. Chine.

606 — *Tabatière flacon*. Jade clair. Chine.

607 — *Vase*, forme balustre. Jade du Japon.

608 — *Vase* plat en quartz rose, avec chien Fô sur le couvercle. Très jolie pièce. Chine.

609 — *Femme* tenant un vase, statuette, pierre blanche. Chine.

610 — *Groupe* de trois personnages, pierre de Laar. Chine.

611 — *Dieu du Bonheur*, statuette, pierre tendre noire. Chine.

612 — *Dieu* à tête d'éléphant, divinité indoue. Pierre tendre noire.

613 — *Prêtre taiotiste* assis, pierre de laar

614 — *Dieu debout*, pierre de laar.

615 — *Deux cachets*, pierre de laar.

616 — *Guerrier*, gardien de temple, assis ; statue bois laqué peint. Chine.

Haut., 0,44.

617 — *Statuette* bois laqué et doré. Elle est posée le genoux droit à terre et les mains en avant, sur la fleur de lotus, surmontant un pied très travaillé. Japon.

Haut., 0,20.

618 — *Vieillard* tenant une feuille de papier ; statuette bois. Chine.

Haut.

619 — *Dieu assis* ; satutette bois peint et doré. Chine.

Haut., 0,20.

620 — *Homme assis*, statuette bois. Chine

Haut., 0,26.

621 — *Boudha assis* sur un tigre ; statuette bois. Chine.

Haut., 0,26.

622 — *Homme assis*, statuette bois. Chine.

Haut., 0,24.

623 — *Dieu assis* bénissant, statuette bois. Chine.

Haut., 0,23.

624 — *Femme debout* ; statuette bois. Annam.

Haut., 0,38.

625 — *Femme debout*, tenant des fleurs à la main ; statuette bois. Laos.

Haut., 0,43.

626 — *Femme debout*, tenant un perroquet ; statuette bois. Laos.

Haut., 0,49.

627 — *Bambou* sculpté en forme de grotte, avec personnages à l'intérieur. Incrustations de nacre, d'ivoire et d'os.

Haut., 0,34.

628 — *Trois statuettes* indoues, en carton peint.

Peintures, Aquarelles, Dessins

629 — *Peinture persane*. Scène de mariage avec trente-neuf personnages. Autour sont inscrits des souhaits de bonheur, en vieil idiome.

Haut., 0,27 ; larg., 0,41.

630 — *Peinture persane*. Boîte avec trois sujets dessus et dessous le couvercle et au fond de la boîte.

Haut., 0,38 ; larg., 0,27

631 — *Trois peintures indoues* : Dieux et adorantes. Divinité tirant de l'arc. Divinité s'embrassant un pied.

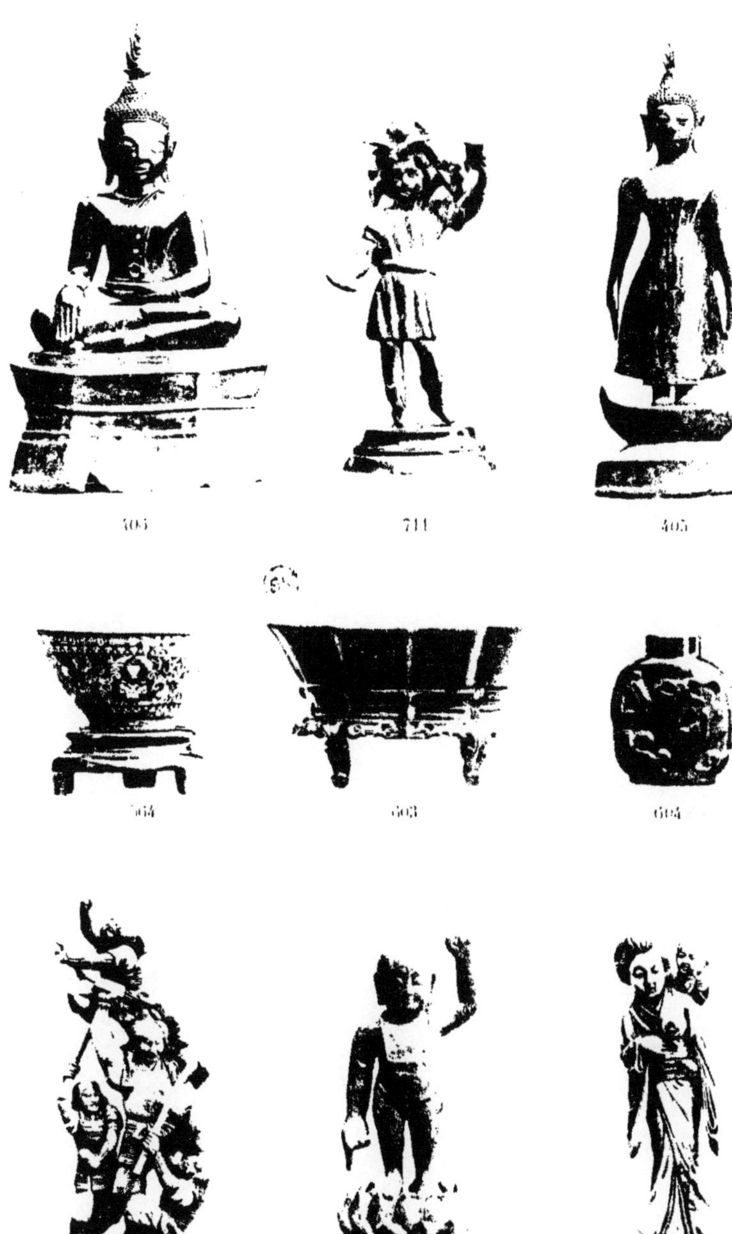

406 711 405

564 603 604

452 404 436

632 — *Miniature indienne.* Pièce très curieuse représentant la fabrication des châles de l'Inde. Au premier plan, trois hommes et deux femmes teignent, battent et foulent les cachemires. Dans le fond, des châles sèchent ; à droite, un vieillard assis près d'un buffle ; à gauche, une femme fume le narghilé et une autre allaite son enfant (XVIIIe siècle.)

Haut., 0,29 ; larg., 0,46.

633 — *Miniature indienne.* Entrevue du roi de Lahore et de lord Bentinck, gouverneur général des Indes. Pièce très curieuse, à laquelle on a joint sa reproduction lithographique.

Haut., 0,25 ; larg., 0,34.

634 — *Grand kakemono.* Dans le haut est représenté le paradis de Boudha, avec ses anges et ses danseuses. Centre, pèlerinage et épreuves du roi, qui triomphe du diable et reçoit des cadeaux du ciel, etc. Dans le bas, les supplices de l'enfer. Peint sur étoffe. Cambodge.

Haut., 2,40 ; larg., 0,79.

635 — *Deux petits kakemonos.* Le Boudha Daïboution prêche la miséricorde à ses disciples. Japon.

Haut., 0,54 ; larg., 0,20.

636 — *Peinture sur étoffe.* Mandarin porté dans sa litière et son cortège. Japon.

Haut., 0,24 ; larg., 0,19.

637 — *Deux cadres* contenant chacun quatre personnages peints sur papier de riz. Chine.

638 — *Deux cadres* contenant chacun deux personnages peints sur papier de riz. Chine.

639 — *Cadre* contenant quatre paires d'oiseaux peints sur papier de riz. Chine.

640 — *Portrait d'un grand personnage assis.* Miniature persanne sur ivoire, dans un cadre écaille. Ovale.

Haut., 0.031 ; larg., 0.023.

641 — *Portrait de femme.* Miniature indienne sur ivoire montée en broche.

642 — *Jeune femme* tenant un poisson par un fil. Miniature japonaise, ovale.

Haut., 0,070 ; larg., 0,062.

643 — *Six aquarelles* non encadrées. Supplices variés, peintes sur papier de riz. Chine.

644 — *Paysage.* Femmes pêchant à la ligne. Aquarelle sur soie. Japon.

645 — *Homme à mi-corps*, dessin signé. Japon.

646 — *Deux hommes accroupis*, l'un en face de l'autre ; dessin signé.

647 — *Kakemono.* Le Dieu des enfants.

648 — *Album* de dessins japonais. Scènes diverses et supplices.

649 — *Album* de quarante-cinq dessins japonais.

650 — *Deux albums*, impressions en couleur du Japon.

651 — *Album* de vingt-deux peintures indiennes gouachées.

OBJETS ANCIENS ET MODERNES

Meubles

652 — *Grande armoire vitrine*, Louis XVI, en bois de noyer, à pieds ronds cannelés, à deux portes, vitrée sur les côtés et tiroir dans le bas.

Haut., 229 ; larg., 164.

653 — *Vitrine bibliothèque* Louis XVI, en bois des îles, à deux portes avec panneau dans le bas, pieds cannelés, marbre portor.

Haut., 176 ; larg., 0.98.

654 — *Vitrine de style* Louis XVI, en bois genre acajou, à deux portes, marbre gris.

Haut., 155 ; larg., 0.94.

655 — *Vitrine*. Même description.

Haut., 155 ; larg., 0.94.

656 — *Meuble* en bois de chêne, à dix-sept tiroirs, pour renfermer des miniatures, médailles ou gravures.

Haut., 100 ; larg., 110.

657 — *Petite glace*, cadre baguette, bois sculpté et doré, Louis XIV.

658 — *Glace Empire*, cadre peint en bleu, relevé d'ornements

659 — *Glace Restauration.*

660 — *Deux vitrines plates* pour miniatures ou bibelots.

Faïences et Porcelaines

661 — *Plat rond* à bord festonné, faïence de Moustiers, décor polychrome de grotesques.

Diam., 0.34.

662 — *Assiette* faïence de Moustiers, décor polychrome au petit feu ; perroquets sur un arbre. « Fabrique de Ferrat. »

Diam., 0.34.

663 — *Plat rond* à bord festonné, faïence de Marseille, décor polychrome de Chinois et kiosques, d'après Pillement. Veuve Perrin.

Diam., 0.29.

664 — *Assiette* à bord festonné. Même description.

Diam., 0.25.

665 — *Assiette*. Même description.

666 — *Egouttoir*, faïence de Moustiers.

Diam., 0.27.

667 — *Porte-bouquet*, faïence de Moustiers. Ornements bleus.

668 — *Deux pots de pharmacie*, faïence de Moustiers.

669 — *Assiette*, porcelaine de Tournay ; décor bleu, fleurs.

670 — *Pot à lait*, porcelaine de Sèvres. Bouquets de roses et or. 1853.

671 — *Coupe*, porcelaine de Sèvres, fond bleu, dorure et médaillons de fleurs ; époque Louis-Philippe.

672 — *Tasse* et sa soucoupe, porcelaine de Sèvres, fond mauve, sujets chinois.

673 — *Coupe* porcelaine de Sèvres, décor d'oiseaux et insectes ; époque Restauration.

674 — *Statuette*, amour couronné de fleurs. Porcelaine de Chelsea.

675 — *Paire de vases* à deux anses, porcelaine, dorure et sujets militaires ; époque Restauration.

676 — *Paire de vases* à deux anses, porcelaine, dorure et paysages.

677 — *Paire de vases* à deux anses, porcelaine fond bleu et dorure ; époque Empire.

678 — *Paire de vases*, porcelaine de Limoges ; décor de sujets chinois.

679 — *Paire de vases*, porcelaine anglaise, fond vert tendre, avec Chinois et fleurs.

680 — *Grand vase*, porcelaine rouge flambée ; monture en bronze.

681 — *Vase* avec couvercle, poterie émaillée tunisienne.

682 — *Amphore* à une anse, poterie émaillée vert à reflets.

683 — *Fillette nue*, assise, statuette faïence émaillée de Choisy-le-Roi, par Carrier-Belleuse.

684 — *Plat rectangulaire*, faïence en relief, de Max-Claudet, scène du « Malade Imaginaire ».

685 — *Tête de coq*, applique, en faïence de Vallauris.

686 — *Encrier* de forme cubique, en faïence, décor genre Marseille.

Bronzes et Objets divers

687 — *Petit buste d'homme*, bronze, d'après Carpeaux.

688 — *Buste* du médecin Marcus Modius Asiaticus. L'original, en marbre de Paros, trouvé vers la fin du XVIe siècle, à Smyrne, est conservé au Cabinet des médailles, à Paris. Le duc de Ponchartrain, à qui il fut offert, en fit exécuter un moulage par le sculpteur Girardon, pour être coulé en bronze.

Haut., 0.50.

689 — *Ours sur le dos*, bronze de Barrye, ayant appartenu au portraitiste Gustave Ricard.

505

Haut., 0.14.

690 — *Lion couché*, de Canova, bronze argenté, socle marbre noir.

Haut., 0,07.

691 — *Chien braque* tenant un lièvre dans sa gueule, bronze de Mène.

Haut., 0,10.

692 — *Femme couchée*, bronze de Lévêque.

Haut., 0,12.

693 — *Baigneuse*, par Falconnet, bronze de Barbedienne.

Haut., 0,41.

694 — *Equilibriste*, bronze sur socle marbre.

695 — *Coupe à anses*, imitation de l'antique, avec huit têtes autour ; bronze doré et patine verte.

Haut., 0,18.

696 — *Pendule Empire*. Une jeune femme pèse l'Amour et un papillon, bronze doré.

Haut., 0,37.

697 — *Pendule Empire*. L'Etude debout lisant, bronze doré sur socle marbre vert.

Haut., 0,25.

698 — *Pendule Directoire*. L'Amour chasseur de cœurs ; très jolie pièce en bronze doré, avec mouvement de Leroy.

Haut., 0,32.

699 — *Paire de chandeliers*, bronze doré, époque Empire.

700 — *Chandelier*, bronze doré. Art nouveau.

701 — *Lampe romaine*, à deux becs, cuivre.

702 — *Saint François*, statuette ivoire (XVIe siècle.)

703 — *Portrait* du cardinal Nerli, relief ivoire sur bois, cadre rond.

704 — *Portrait* d'un pape, relief ivoire, ovale.

705 — *Cachet*, manche ivoire formé de quatre têtes.

706 — *Flacon à priser*, ivoire flamand, personnages sculptés, (XVIIe siècle.)

707 — *Portrait d'homme*, petit relief plâtre, sur fond bleu.

708 — *Petit reliquaire*, avec deux miniatures à l'intérieur.

709 — *Six camées*, pierres dures, agates, etc., etc.

Objets antiques

710 — *Dieu lare* tenant un rython de la main gauche ; la droite est cassée. Statuette bronze à patine verte, trouvée à Saint-Just-de-Lyon.

Haut., 0,09.

711 — *Dieu lare*, debout, vêtu d'une courte tunique serrée à la taille ; les pieds sont chaussés de brodequins (le droit manque) ; il tient une patère de la main droite, et de la gauche élevée, un rython en forme de dauphin. Bronze gallo-romain très fin et d'une belle patine verte ; les yeux ont dû être incrustés d'argent et le corps n'est pas grêle comme pour la plupart des dieux lares. Trouvé aux environs de Digne.

Haut., 0,10.

712 — *Homme debout*, vêtu d'une tunique et tenant une corne de la main droite. Statuette bronze gallo-romain patiné.

Haut., 0,08.

713 — *Poids de balance* romaine en bronze. Tête double de Cérès.

714 — *Osiris*, statuette, bronze égyptien.

Haut., 0,17.

715 — *Isis* allaitant Horus ; statuette, bronze égyptien.

Haut., 0,18.

716 — *Phtah* debout ; statuette bronze égyptien.

Haut., 0,16.

717 — *Seckhet*, déesse à tête de lionne, à genoux ; statuette bronze égyptien.

Haut., 0,12.

718 — *Trois petites amulettes*, bronzes égyptiens.

719 — *Deux petits bas-reliefs*, terre émaillée, triade égyptienne.

720 — *Douze petites statuettes*, terre émaillée, amulettes égyptiennes.

721 — *Petite tête d'homme*, marbre romain légèrement dégradé ; époque d'Auguste.

722 — *Vase* à deux anses avec mascarons, fond noir orné de branches en rouge.

723 — *Lecythus*, à fond rouge et sujet noir.

724 — *Six pièces massaliotes*, en argent.

725 — Sous ce numéro seront vendus des objets non catalogués.

IMPRIMERIE SAMAT ET Cie

www.ingramcontent.com/pod-product-compliance
Ingram Content Group UK Ltd.
Pitfield, Milton Keynes, MK11 3LW, UK
UKHW020337180726
13839UKWH00002B/753

9 782329 614724